그림책 사유

그림책이 말을 걸다

그림책 사유

그림책이 말을 걸다

초판 1쇄 발행 2026년 1월 26일

지은이 안은주
펴낸이 장길수
펴낸곳 지식과감성#
출판등록 제2012-000081호

교정 김지원
디자인 이현
편집 이현
검수 한장희
마케팅 김윤길

주소 서울시 금천구 벚꽃로298 대륭포스트타워6차 1212호
전화 070-4651-3730~4
팩스 070-4325-7006
이메일 ksbookup@naver.com
홈페이지 www.knsbookup.com

ISBN 979-11-392-3045-1(03810)
값 17,000원

지식과감성#
홈페이지 바로가기

그림책이 말을 걸다

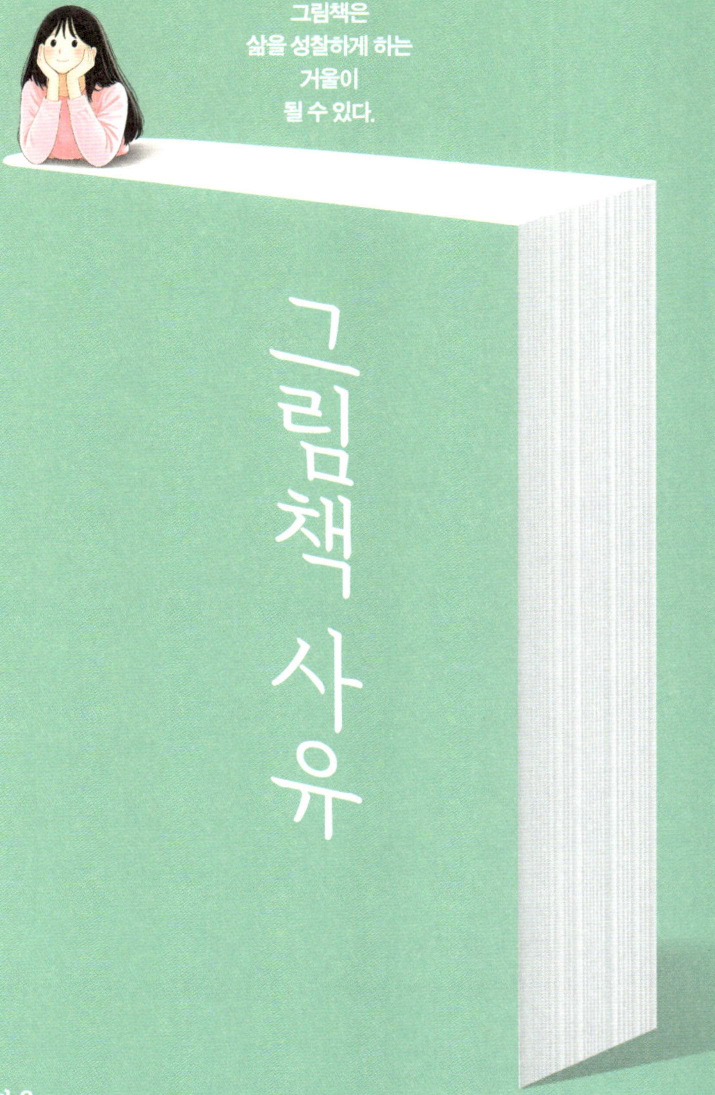

그림책은
삶을 성찰하게 하는
거울이
될 수 있다.

그림책 사유

안은주 지음

이 책은 그림책이 던지는 질문에
작가가 스스로 답하며 써 내려간
비평이자 치유의 기록이다

지식과감성#

일러두기

- " " 안 표기: 그림책 속 글 인용/문헌 인용
- ' ' 안 표기: 등장인물명/책 제목을 한 번 더 언급할 때/저자의 생각, 의견, 강조 어휘나 문구
- 『 』 안 표기: 책 제목

알아두면 좋은 그림책 구성요소

- 표지: 그림책 맨 앞뒤의 겉장/앞표지, 뒤표지
- 면지: 그림책의 앞뒤 표지 안쪽에 있는 지면/앞면지, 뒷면지
- 표제지(속표지): 제목이 한 번 더 언급되며 저자, 출판사 등이 표기됨. 표지, 면지가 본문과 분리되었던 것과 달리 본문의 첫 페이지에 해당함
- 재킷: 그림책의 표지를 감싸는 싸개
- 판형: 그림책의 물리적 형태

차례

3. 관계의 결

4. 나를 알아가는 시간

5. 마음의 온도

6. 아이와 눈을 맞출 때

7. 삶과 죽음, 그리고 자연

서문

읽을거리가 흔하지 않았던 시절, 동네 만화방은 재미난 이야기들을 만날 수 있었던 나름의 도서관이었다. 영상처럼 전개되는 역동적인 이미지들의 세계에 푹 빠져 끼니도 잊은 채 열 몇 권의 시리즈를 독파하곤 했었다. 글자만 있는 책이었다면 과연 그럴 수 있었을까.

그림은 사람을 매료시키는 힘이 있다. 미술관에 전시된 그림을 몇 시간씩 들여다보는 것도 그 안에서 무궁무진한 생각들이 펼쳐지기 때문이다. 그림은 정지된 이미지이나 보는 사람에 따라 다양한 의미를 만들어내면서 서사를 형성해 나가도록 만든다. 그림 한 점에 수백, 수천의 이야기가 탄생할 수 있는 것은 개개인의 역사가 그림과 만나면서 개별적이고 독특한 반응으로 표현되기 때문이다. 멈춘 그림으로부터 시공간을 부활시켜 현실 세계로 이끄는 것은 오로지 독자의 몫이다. 그림이 이렇듯 생생한 이야기들을 감추고 있을진대 여러 장의 그림들로 엮인 책은 그 얼마나 흥미진진할 것인가.

루켄스(Lukens, 1922-2016)는 그림책을 '그림과 글의 행복한 결혼'이라고 표현하였다. 책이라고 하면 일반적으로 글을 먼저 떠올린다. 책은 읽는 것이고, 글자로 이루어진 문장과 단락들을 읽어야 숨은 이야기를 발견할 수 있다는 것이다. 그러나 그림과 글의 결혼이라고 표현한 데서 유추할 수 있듯이 그림책에서 그림과 글은 서로 종속관계가 아니다. 각각이 독립적 작품이자 함께 어우러졌을 때 평등하면서 보완적 관계로서 이야기를 조화롭게 구성해 나가게 된다. 그럼에도 조금 애정을 주자면 현대의 그림책은 그림에 보다 높은 가치를 두는 듯하다. 다양한 기법과 형식의 그림들로 표현된 현대의 그림책은 이제 그 독자층을 어린 아이로만 제한하지 않는다.

짧은 에피소드로부터 얻는 경쾌함과 진중함, 허를 찌르는 촌철살인 경구에서 통찰하는 삶의 지혜, 유려한 그림과 잔잔한 글귀로부터 받는 위로와 다독임은 열정적인 삶에 가끔은 지쳐있는 현대인들에게 비타민 같은 생활의 이완제로 다가온다. 남녀노소를 가리지 않는 것이 그림책이 가지는 혜자스러움이다.

그림책은 특별히 읽거나 보는 방법을 배울 필요는 없다. 마음 가는 대로 넘기다 펼쳐진 그림에 시선을 멈추고 떠오르는 생각에 고요히 집중하면 되는 것이다. 글이 많지 않으니 신경 쓰며 읽어야 하는 수고로움도 덜하다. 그럼에도 '그림책 서평'이라는 글로 독자와 만나고픈 연유는 어릴 적 만화방의 추억이 현재의 나를 살아가게 하는 힘이 되어주고, 한글 깨우치기 전 부모님이 사주신 금성출판사 동화전집 20권의 아름다운 그림들이 읽지 못하는 글자를 뒤에 두고 상상력의 무한대를 경험하게 해 주었던 황홀한 기억 때문이다. 나의 경험과 마음에 동감하는 누군가의 일상에 다시금 그림책이라는 마법을 선사하고, 조금 더 재미있게 들여다볼 수 있는 멋진 안경을 마련해 주고 싶은 마음이다.

그림책 또한 책이라는 형식을 가진 매체이므로 작가는 다양한 형식을 빌려 독자가 발견하도록 용인하는 메시지와 발견하지 않아도 괜찮을 메시지를 여러모로 심어 놓는다. 그림책의 재미가 배가될 수도 있고 작가가 전달하려는 메시지를 역공할 수도 있으니, 이런 안경 하나 곁에 두고 있으면 그럭저럭 쓸만할 것이라 여겨진다. 그림책을 아주 조금 더 잘 알고 있는 사람으로서 좋은 그림책을 소개하고 많은 사람들이 함께 읽을 수 있다면 그것 또한 고맙고 행복한 일이다.

그림책은 삶을 성찰하게 하는 거울이 될 수 있다. 이 책은 그림책이 던지는 질문에 필자가 스스로 답하며 써 내려간 비평이자 치유의 기록이다. 필자의 그림책 사유에 동참하는 모든 독자들의 삶에 행복과 즐거움이 충만하길 기원한다.

2025년 겨울 안은주

1) 쫌 이상한 그대에게: 그림책 『쫌 이상한 사람들』

2) 불편한 진실: 그림책 『로베르토 인노첸티의 빨간 모자』

3) 다양성의 다양성: 그림책 『한밤중 도시에서는』

4) 국민의 표정이 증언한다: 그림책 『사랑받는 대통령』

5) 당연함에 대한 감사: 그림책 『바나나가 더 일찍 오려면』

6) 베짱이에 대한 오해: 그림책 『프레드릭』

1.
세상의 눈, 나의 시선

『쫌 이상한 사람들』

미겔 탕코 글·그림 | 정혜경 역 | 문학동네 | 2017

마음을 따뜻하게 해주는 사람들이 왜 '이상한' 사람들인지 구구절절 설명하지 않아도 우리는 잘 안다. 왜냐하면 우리 모두는 잠재적인 '이상한' 사람이기 때문이다.

쫌 이상한 그대에게

(그림책: 『쫌 이상한 사람들』)

한 번씩 뒤돌아보게 되는 그런 이상한 사람을 가끔 만나곤 한다. 주차할 곳을 찾느라 몇 바퀴를 헛걸음치듯 뱅뱅 돌고 있을 때, 어느 자동차 운전석 창 너머로 수신호를 보내오는 사람을 만난다. 양손 가득한 책들 속에서 흘러내린 작은 메모 조각 하나를 어쩌지 못해 그냥 지나치려 할 때, 바삐 지나가다 되돌아와 허리 굽혀 줍고는 책갈피로 넣어주는 사람을 만난다. 동네 산책길 화단에 누군가 쌓기 시작한 조그만 돌탑은 몇 달이 지나도록 허물어지지 않고 나날이 높이를 키워간다. 그리고 거리를 오가며 돌멩이 하나를 곱게 쌓아 올리는 사람들을 스치듯 만난다. 나의 난감하고 당혹스러운 마음을 읽는 사람들, 돌탑 쌓기에 기울인 마음을 존중하는 사람들.

앞표지를 넘기면 파란색 면지가 시원하게 느껴지는 이 그림책은 우리 일상 속 다양한 '이상한 사람들'에 대해 이야기한다. 아주 사소한 것에도 마음을 쓰는 사람, 누군가의 외로움을 알아차리는 비범한 능력을 가진 사람, 위험을 감수하면서 다른 편의 우승을 축하하는 용기를 가진 사람, 자신의 마음에 조용히 귀 기울일 줄 아는 사람, 팍팍한 삶에 유머 한 줄기로 웃음을 줄 수 있는 사람, 항상 있지만 언제 사라질지 모르는 것에 대해 고마워할 줄 아는 사람….

이 이상한 사람들은 한결같이 '파란색' 색감을 품고 있다. 파란색 스웨터와 바지를 입고 있거나, 파란색 신발을 신고 있기도 하고 파란색 모자를 쓰고 있다. 앞장에서 파란색 원피스를 입은 이상한 사람은 다음 장에서 파란색 나비넥타이를 맨 이상한 사람으로 이어진다. 이렇게 그림책을 넘길 때마다 파란색 릴레이가 이어진다. 마지막 장의 그림은 학교 건물에서 쏟아져 나오는 아이들이다. 그런데 수많은 아이들은 '반드시' 파란색 무언가를 몸에 하나씩 품고 있다. 그것이 '이상한 사람'의 징표라도 되는 것마냥.

가느다란 펜으로 그려진 그림에서 파란색 채색은 잉크의 농도가 더해져 얼핏 남색으로 보이기도 한다. 파란색이 상징하는 것이 차가움인지 시원함인지는 중요하지 않다. 이상한 사람들은 늘 마음 한켠에 여유로움을 품고 있기 때문이다. 그것은 파란색 희망이기도 하고, 파란색 자유이기도 하다. 때로는 이해받지 못하는 파란색 외로움일 수도 있다. 왜 '이상한' 사람으로 보이는지 정작 알지 못함에서 오는 파란색 슬픔일 수도 있을 것이다.

작가는 마지막 장, 아이들 그림 여백에 이렇게 써 놓고 있다. "세상에 이렇게 쫌 이상한 사람들이 있어서 정말 다행입니다." 이 텍스트는 앞으로 거슬러 가 표제지의 "쫌 이상한 그대에게"라는 간략한 문구와 연결된다. 그림책 속 이상한 사람들을 만나기 전에 미리 독자에게 '이상해질' 것을 기대하고 있었던 것이다. 그림책을 보는 독자가 이상한 사람이 아니라면 그림 속 이상한 사람들을 어떻게 이해하고 공감할 수 있을 것인가.

마음을 따뜻하게 해주는 이 사람들이 왜 '이상한' 사람들인지 구구절절 설명하지 않아도 우리는 잘 안다. 그러면서 이 사람들에 감사한 만큼 왜 우리는 선뜻 '이상한' 사람들의 대열에 합류하지 못하는지 설명하기 부끄럽다. 왜냐하면 우리 모두는 잠재적인 '이상한' 사람이기 때문이다. 그 '이상함'이 소곤거리며 가끔 내 마음을 부끄럽게 하기 때문이다. 그림책은 이런 독자의 마음을 이미 꿰뚫고 있다. 큰 도전이나 용기가 필요하지 않음을 제목에서 애교 섞인 목소리로 제안하고 있는 것이다. '쫌!' 이상하면 된다고, 조금도 아니고 '쫌'만 이상하면 된다고.

『로베르토 인노첸티의 빨간 모자』

에런 프리시 글, 로베르토 인노첸티 그림 | 서애경 역 | 사계절 | 2013

불편하지만 알아야 하고, 알려야 하는 진실이 있다. 폭력의 잔혹성이 두렵고 아이들이 알게 되는 것이 꺼려져 24시간 일거수일투족을 함께하는 돌봄은 가능하지도 않을뿐더러, 아이들 스스로 자신을 보호하는 방법을 익힐 기회를 차단한다.

불편한 진실

(그림책: 『로베르토 인노첸티의 빨간 모자』)

사랑스러운 소녀가 있다. 빨간 모자가 잘 어울려서 이름 대신 '빨간 모자'로 불리었다. 아픈 할머니 댁으로 엄마 심부름을 나선 빨간 모자는 늑대를 만나게 되고, 천진무구하여 아무런 의심이나 두려움 없이 할머니 댁을 알려준다. 포식의 계략을 세운 늑대는 잡아먹을 시간차를 벌기 위해 빨간 모자가 숲의 아름다움에 한눈을 팔도록 하고, 먼저 도착하여 할머니를 잡아먹은 후 뒤이어 당도한 빨간 모자까지 꿀꺽 삼킨다.

우리가 알고 있는 『빨간 모자』 이야기는 프랑스 작가 샤를 페로(Charles Perrault, 1628-1703)의 원전으로부터 기원한다. 결말이 다소 불편하게 느껴지면서 다른 빨간 모자 이야기가 떠오른다면(해피엔딩) 원전을 패러디한 개작 이야기라고 생각하면 된다. 이 그림책은 페로의 이야기를 수정이나 변형 없이 그대로 계승한다는 점에서 패러디가 아닌 것 같지만, 이야기의 시공간을 현대의 도시로 각색하였다는 점에서는 패러디로 볼 수 있다.

빨간 후드를 쓰고 배낭을 멘 여자아이가 표지에 등장한다. 아이 뒤를 채우는 배경인 거리와 집 풍경으로 볼 때 도시 빈민가가 소녀의 거주지임을 추측할 수 있다. 이어서 펼쳐지는 이야기 속 그림들은 매우 사실적이면서 세밀하게 인물과 도시의 모습을 그려내고 있다. 원근과 명암, 사물의 질감 표현이 평면의 그림을 물리적으로 느끼도록 하고, 얼굴 가득 표정이 살아있는 인물들은 그림 밖으로 튀어나올 듯하다. 담벼락의 낙서, 도로에 버려져 뒹구는 오물들, 깨진 보도블록 등도 빠지지 않고 그림 안에 표현되어 도시를 구성하고 있다. 이토록 사실적인 그림이라니. 마치 르포를 그림으로 보는 것 같다. 사진으로 말할 수 없는 노골적 현상을 물감을 입혀 완곡하게 재현하고자 하는 의도가 감지된다. 그림을 그린 로베르토 인노첸티는 무엇을 말하고 싶은 것일까.

페로의 원전에서 '빨간 모자'는 어린아이가 아니다. '아름다운 소녀'가 등장하며 늑대의 속임수에 빠져 할머니를 위기에 빠트리고, 본인마저 늑대의 침대로 들어가 결국 잡아먹히게 된다. 원전의 이야기는 세상 물정 모르는 순진한 소녀들에게 친절하고 낯선 남자를 조심하라는 경고성 메시지를 담고 있다. 실제 페로는 이야기 말미에 교훈이라는 글을 첨부해 놓았다. "예쁘고 친절한 소녀가 다른 사람들의 말을 생각 없이 따르다가는 큰 실수를 할 수 있습니다. (중략) 이 친절한 늑대야말로 늑대 중에서도 가장 위험한 늑대라는 것을 알지 못하는 것입니다." 온갖 달콤한 말로 현혹하는 남자(늑대의 탈을 쓴)를 믿었다가는 침대로 이끌려 정절을 잃게 될 수도 있다는 사실을 이야기로 만들어 소녀들의 교육서로 활용하였던 것이다.

이 그림책은 페로가 전달하고자 했던 메시지를 그대로 차용하고 있다. 귀엽고 사랑스러운 아이가 늑대에게 잡아먹혔다가 극적으로 구출된다는 권선징악의 전형을 버리고, 시대가 변했어도 여전히 위험한 현상으로 우리를 불편하게 하는 어떤 진실에 대해 말하고 싶어 한다. 페로가 살았던 프랑스 절대왕정 시대의 소녀들이 조심해야 했던 늑대가 현대문명의 현란함 속에서 여전히 사람의 탈을 쓰고 교묘하게 곳곳에 도사리고 있음을 경고하고 있다. 아동 성폭력이라는 불편한 진실을 이야기하고 있는 것이다.

이야기의 배경이 도시 빈민가인 것은 위험에 더욱 취약한 아이들임을 나타내는 것이다. 제대로 된 돌봄을 받지 못한 아이들이 뒷골목 비행 청소년 무리의 일원이 되기도 하고, 또 다른 돌봄의 공백 상태인 아이들을 위험에 빠트리기도 한다. 주인공 '소피아'가 엄마 심부름으로 할머니 댁에 가는 길에 마주친 일당이 그러한 무리이다. 위험의 막다른 골목에서 구원처럼 등장한 남자! 그 남자가 늑대의 탈을 썼다고 생각하기는 쉽지 않을 것이다. 영웅이자 생명의 은인인 그 남자에게 소피아는 할머니 댁을 알려주며 선뜻 오토바이 뒷자리에 올라타게 된다. 검정 레인코트를 휘날리며 오토바이 페달을 밟는 남자의 모습은 앞선 선행에 더해 멋짐이 눈부시다. 날이 으슥해지고 점차 밤기운이 짙어지는 가운데 하늘에 뜬 초승달 빛으로 드러난 남자는 돌연… 늑대의 얼굴이다.

불편하지만 알아야 하고, 알려야 하는 진실이 있다. 내가 미리 알고, 우리 아이들에게 알려줘야 할 유의점이 그 진실이다. 폭력의 잔혹성이 두려워 아이들이 알게 되는 것이 꺼려진다면 24시간 일거수일투족을 함께하면 된다. 그러한 돌봄은 가능하지도 않을뿐더러 아이들 스스로 자신을 보호하는 방법을 익힐 기회를 차단한다. 현대사회에서 성폭력은 아동을 대상으로 하는 경우가 더욱 빈번해지고 있다. 불편하지만, 우리는 이 불편한 진실을 이제 우리 아이들과 공유해야 하는 것이다. 로베르토 인노첸티는 그 방법을 17C 페로의 이야기에서 빌려 와 사실적인 그림과 구어체의 텍스트로 직설하고 있다.

그렇다면 이 그림책의 결말은 페로의 그것을 따라갈 것인가. 소피아의 행적과 결말이 궁금하다면 그림책으로 확인하기를 바란다. 더불어 아이들[1](7세 이상)과 함께 그림책을 보며 생각을 나누는 시간을 가진다면 더욱 좋을 것이다. 옛이야기 『빨간 모자』가 현대의 그림책으로 재해석되어 우리가 직면한 문제에 제시하는 조언에 귀 기울여 보길 바란다.

---

1) 사회적 이슈를 담은 그림책의 경우, 아주 어린 아이에겐 다소 불편하거나 공포감을 줄 수 있으므로 7세 이상에게 권장합니다.

『한밤중 도시에서는』

줄리 다우닝 글·그림 | 이계순 역 | 씨드북 | 2023

밤의 현장을 열악한 업무라고 치부하는 것은 타당하지 않을 수 있다. 누군가의 삶에는 합리적이고 시의적절한 선택이 될 수 있다. 결국 도시는 이 모든 사람의 역할이 기둥처럼 떠받쳐져 지탱되고 있는 것이다.

다양성의 다양성

(그림책: 『한밤중 도시에서는』)

활력이자 온기이며 자연의 시력이 되어주었던 해가 저문다. 낮 동안의 분주함이 잦아들면서 어둠의 자락이 서서히 도시의 귀퉁이부터 덮어가기 시작한다. 어둠이 포진하기 전에 좁혀드는 빛으로 걸음을 재촉하는 사람들. 남은 몇 가지 일정을 소소하게 마무리하며 그들의 하루는 셔터를 내린다. 이런 날들이 365번 반복되며 우리의 일상뿐 아니라 사회 전체를 움직여 나간다고 생각한다.

그림책 표제지로 들어가면 커다란 창문 하나가 보이고 그 너머로 아이가 잠옷을 입고 있다. 창문 사위로는 푸르스름한 어둠이 이미 내려앉아 있고, 어두워지기 전에 켰을 전등이 아이를 노란 빛으로 에워싸고 있다. 아이는 잠자리에 들려고 한다. 아이에게는 이 시간과 침대 앞이라는 장소의 엮임이 전혀 어색하지 않다. 독자의 생각도 그러할 것이다.

다음 장을 편 순간, 여느 아이들과는 다른 가족적 배경이 드러나면서 이방인 대하듯 멀리 밀쳐놓았던 그림책 제목이 실상은 아이의 생활과 깊이 연관되어 있음을 깨닫게 된다. 침대 위에서 잠들기 전 고양이와 마지막 놀이를 하고 있을 때, 오른편으로는 이제 막 잠에서 깨어난 아이의 아빠가 기지개를 켜며 등장한다. 아빠의 하루가 이제 시작됨을 암시하는 그림이다. 한밤중 도시의 주인공이 아이의 아빠임이 밝혀지고 그의 직업이 궁금해지는 가운데, 그다음 장은 아파트 도면처럼 층과 칸으로 화면이 분할되어 펼쳐진다.

해는 단 한 번도 저문 적이 없다. 해가 반대편을 밝히고 있을 때 사람들은 여전히 이곳의 밝음을 유지할 묘안을 구상하고, 해에 버금가는 시력을 키워줄 대체 빛을 만들어낸다. 24시간 밝음이 무너지지 않는 도시가 이룩되면서 사람들의 삶에도 셔터를 내리는 시간대의 다양성이 구축되었다. 내 하루의 마무리가 다른 이의 시작점이 되고, 편안한 잠 속에서 꿈을 꿀 때 어떤 이는 발로 뛰며 꿈을 향해 전진한다. 시작과 끝이 접착되어 버린 무한 운영 시스템이 도시에 도래한다.

펼쳐진 그림 속 나누어진 화면들은 각각이 하나의 가구이자 그 구성원들의 거주지이다. 그림책 표지에 등장했던 아파트 전면이 그림책 내부로 들어오면서 건물 실내가 훤히 들여다보인다. 표지의 색깔이 어둠을 표현하는 파란색이었다면 아파트 내부는 그 어둠에 대응하는 노란색의 빛으로 표현된다. 노란 전등 불빛 아래 부산하게 움직이는 사람들. 그들은 나갈 채비를 하고 있다. 한밤중 도시의 주인공은 아이의 아빠만이 아니었던 것이다.

도시의 무한 운영 시스템을 가능하게 하는, 보이지 않는 현장 직군에 대해 이 그림책은 말한다. 간호사, 제빵사, 호텔 매니저, 택시 운전사, 소방관, 영화 스태프, 박물관 청소부와 경비원, 119 상황실 담당자…. 이들의 밤 출근과 새벽녘에서 아침까지 이어지는 퇴근에 대해 인물마다 컷 하나씩 정성껏 그려내고 있다. 인공 불빛 아래 작업 현장을 노란색으로 표현하고 컷들 사이에 파란색의 바깥 풍경을 배치하여 지금이 밤 시간대임을 독자가 잊지 않도록 상기시킨다. 우리의 밤이 어둠의 나락으로 꺼져버린 날이 단 하루도 없었다는 사실이 그림을 통해 새삼스레 전해진다.

그림책의 그림은 실로 많은 말을 독자에게 건넨다. 때론 글이 하지 않은 말을 그림이 전한다. 이때 글 대신이라는 표현은 적절하지 않다. 그림이라는 시각적 이미지가 전달하기에 훨씬 탁월한 표현은 작가가 부러 구구절절 글로 나열하지 않는다. 이 그림책이 그러하다. '다양성의 다양성'이라는 표현을 작가는 글로 적어 내려갔을 때 캠페인적 단발성 의미로 곡해될 것을 우려한다. 글은 가끔 진부해지곤 한다.

'다양한 연령대의 사람들이 도시의 인구를 구성하고 이들은 다

양한 인종과 다양한 신체적 조건을 포함하며, 성별 구분 없이 다양한 직군에서 업무를 담당한다.'

아마도 이러한 글이 독자의 읽기를 유도하였을 수 있다. 작가는 글보다는 그림으로 이 내용을 읽어줄 것을 바란다. 아이의 아빠는 간호사라는 직업을 가졌으며, 흑인이다. 무거운 밀가루 포대를 번쩍 들어 배합기에 쏟아붓는 제빵사는 라틴계 여성이다. 택시 운전사는 중년의 백인 남성이며, 호텔 매니저는 아랍인 여성이다. 젊고 발랄한 소방관과 휠체어에 앉은 안경 쓴 119 상황실 담당자는 모두 여성이다. 청년 영화 스태프와 하얀 백발의 나이를 가늠할 수 없는 청소부, 꽃을 사랑하는 경비원 아저씨까지 이 모든 '다양성의 다양성'이 시각적으로 명징하게 드러난다. 게다가 창문 너머로 보이는 1인 가구, 반려동물과 함께 사는 이들, 부모와 자녀가 어우러진 삶의 모습도 그 다양성을 보탠다.

한밤중 도시를 움직이게 하는 사람들이 비단 이들뿐만은 아닐 것이다. 그리고 한낮의 도시를 가동하는 수많은 사람이 여전히 존재한다. 사람의 생체리듬을 거스르는 밤의 현장을 열악한 업무라고 치부하는 것은 타당하지 않을 수 있다. 누군가의 삶에는 합리적이고 시의적절한 선택이 될 수 있다. 그럼에도 이 그림책이 한밤중 사람들에 주목하는 것은, 쉽지 않은 일이기 때문이고 어떤 이에게는 꺼려지는 일이기 때문이다. 더 나은가, 그렇지 못한

가는 개인의 가치 차이다. 결국 도시는 이 모든 사람의 역할이 기둥처럼 떠받쳐져 지탱되고 있는 것이다.

밤의 노동자를 전면에 부각하고 이들의 삶을 글로 열거하면서도 작가는 그림에 보다 집중하여 글 이면에 담긴 속뜻을 알아챌 것을 요청한다. 화면을 분할하거나 양쪽 면을 모두 활용하는 여러 그림 형태, 섬세한 현장 표현과 역동적인 노동자의 모습을 통해 우리 사회를 구성하는 다양한 사람들과 그들의 막중한 일에 대해 사려 깊은 존중의 마음을 전달한다.

도시에서의 하루를 또다시 시작하고 마무리하는 독자, 시골에서의 하루도 못지않게 복잡다단하다고 말하고 싶은 독자…. 모두에게 이 그림책을 읽고 사유하는 시간을 가져보도록 권한다. 여기서 도시와 시골이라는 지역적 다양성이 하나 더 추가되었음은 두말할 필요가 없을 것이다.

『사랑받는 대통령』

모니카 페트 글, 안토니 보라틴스키 그림 | 김경연 역 | 풀빛 | 2020

누구의 힘에 기대어 여태껏 잘 뜰 수 있었는지 분수를 잃어버린 군주는 그 힘으로 되레 뒤엎어질 수도 있다는 사실을 간과한다. 군주민수(君舟民水)의 민심 풍랑 사례는 세계사에 수도 없이 등장하였다.

국민의 표정이 증언한다

(그림책: 『사랑받는 대통령』)

옛날 동화에서나 있을 법한 대통령이 등장한다. 자신이 거주할 화려한 성을 짓게 하고 자신에게만 꼭 맞는 맞춤복 수백 벌을 만들게 하며 밤마다 파티를 열고 낮엔 황금마차를 타고 돌아다닌다. 백설공주, 신데렐라에 나오는 왕이나 왕자, 옷을 그토록 좋아하던 벌거벗은 임금님이 그랬던가. 애초에 살던 집이 성이고, 대대로 내려오는 왕의 의복에 백성의 삶을 돌아보려 행차하던 마차가 있었을 것이다. 왕이나 임금이었기에 가능했던 이런 지배의 상징물을 고스란히 계승하다 못해 허영으로 한층 업그레이드한 대통령은 왕관만 쓰지 않았을 뿐, 왕 또는 황제의 모습 그 이상이다. 그는 황금마차를 타고 돌아다니며 자신이 어떤 사람인지, 정확히는 왕이 된 자신을 국민들에게 보여주려고 한다. 대통령을 뽑았는데 왕으로 자처하는 행태부터 시작해 국민의 고난시대가 바야흐로 막을 연다.

모니카 페트가 구술한 글과 안토니 보라틴스키가 맞받아치듯 그려낸 그림들이 각각 왼편과 오른편에 위치하며 이야기를 만들어내는 이 그림책은 아주 어린 아이가 읽기에는 내용이 다소 길고 글이 많다. 그렇다고 못 읽을 것까지는 아닌, 함께 읽을 혹은 읽어줄 어른이 곁에 있다면 이해가 어렵지는 않은 이야기이다. 어린아이라면 인물표현이 독특하고 선명하게 묘사된 강렬한 색감의 인상적인 그림에 먼저 눈을 두며 얼추 이야기의 전개를 추론해 볼 수도 있을 것이다.

화려한 성과 수백 벌의 옷, 황금마차 만들기를 우선시하는 왕의 출현은 그를 대통령으로 뽑을 수밖에 없었던 여건과 주변 인물들에 기인한다. 권력에 기생하여 더 큰 부와 영향력을 행사하고 싶은 사람들과 세상천지를 호령할 막대한 권력을 가지고 싶은 사람 간의 이해계산이 맞아떨어지면서 벌어진 결과이다. 왕이 있던 시대에도 존재했던 신하가 현대에 장관이라는 이름으로 통치자의 곁을 보좌하지만, 그들은 잘못된 걸 잘못이라고 말하지 못하는 용기 버린 비겁자의 무리이다.

탐욕스러운 통치자의 행태가 그러하듯 왕놀이에 소요되는 천문학적인 재정은 국민의 고혈로 충당되고 삶이 팍팍해진 사람들이 환영꾼으로 동원되기에는 먹고 사는 일이 급선무이다. 어리석기 짝이 없는 대통령은 자신을 좋아하지 않는 민심을 괘씸죄로 여기며 어떤 벌로 국민을 괴롭힐까 골몰한다. 권력을 손에 쥔 자가 이상한 논리에 사로잡히게 되면 벌어지는 일이 '독재'이다. 그림책 속 대통령은 자신 이외에는 그 누구에게도 색깔을 허용하지 않는 '색깔 금지'라는 명령을 통해 세상의 아름다움과 기쁨은 오로지 자신만의 전유 감정이라는 궤변으로 국민들을 통제하고 억압하기에 이른다.

색을 금지한다는 건 다양성을 인정하지 않는다는 말이다. 개성대로 집의 외벽을 칠하고, 취향껏 색색의 옷을 입는 자연스러운 자기표현이 제지되면서 거리는 무채색과 잿빛으로 어둡게 가라앉는다. 자연의 색이 여전히 존재하여 사람들이 기쁨을 찾을 방편이 남아있다는 이유로 나무와 꽃들마저 뽑히고 잘려 나가기에 이른다. 색을 앗아 가고 자연 속 생명을 끊어내는 통치자의 패악을 온전히 감내하려는 국민들이 있을까. 불평불만과 원성이 터져 나오는 입에 자물쇠가 채워지고 저항의 의지가 감옥 안에서 꺼져 간다. 감시와 통제로 점철되는 시간들이 엄혹한 역사를 만들어가는 동안 국민의 마음은 통치자에게서 점점 멀어진다.

형형색색 보석으로 치장하고 각양각색의 색깔들에 둘러싸인 정원에서 날마다 흥겨운 파티를 벌이는 대통령은 그러나 행복해 보이지 않는다. '금지'를 호령할 때마다 음습한 그의 동굴 같은 '입' 속으로 수많은 선민이 잡혀 들어간다. 그림 속 쇠창살 안에 갇힌 남자의 얼굴이 절망에 가득 차 있다. 통치자의 '금지' 명령과 국민의 '표현' 자유가 '가두는 자'와 '갇힌 자'로 상징화되고 대통령의 '입'에 채워진 쇠창살로 그려진다. 이 통치자가 어떤 끝을 향해 가고 있는지 독자는 여러 번의 역사 경험으로 미루어 짐작할 수 있다. 어린아이라 하더라도 옳지 않고 선하지 않은 행위에 대해서는 불쾌한 감정을 느낀다. 색깔이 사라진 풍경과 우울한 사람들의 표정을 그린 그림에서 아이들은 그 직관적인 감정을 더 예민하게 알아챈다.

그림책 제목과는 정반대로 결코 '사랑받을 수 없는 대통령'에 대한 이 이야기는 어떻게 결말지어질까.

색을 지우고 빼앗고 잘라냈지만, 무지개는 어쩔 도리가 없다. 사람들은 비 온 뒤 하늘에 뜨는 무지개를 기다리며 그 아래에서 춤추고 노래하며 억압된 감정을 마음껏 표출한다. 아름다움을 느끼고 즐기며 기쁨과 행복을 누리고자 하는 인간의 욕구를 '금지'라는 명령으로 제어할 수 있을 것인가. 무지개마저 강권으로 앗아버리려는 기괴한 시도가 결국은 그를 군림의 자리에서 내려오게 하는 자승자박이 된다. 누구의 힘에 기대어 여태껏 잘 뜰 수 있었는지 분수를 잃어버린 군주는 그 힘으로 되레 뒤엎어질 수도 있다는 사실을 간과한다. 군주민수(君舟民水)의 민심 풍랑 사례는 세계사에 수도 없이 등장하였다.

이 그림책의 첫머리는 '사랑받는 대통령'으로 출발한다. 소박한 차림을 하고 소탈한 성격을 가졌으며 다양성을 최우선으로 여기는 통치자이다. 이후 선출된 결코 '사랑받을 수 없는 대통령'에 대한 이야기가 전개 대부분을 차지한다. 그리고 마지막 장에서 다시 '사랑받는 대통령'이 등장한다. 쫓겨난 자를 대신하여 새롭게 뽑힌 대통령이다. 그가 첫 번째로 한 일은 전임자가 만들어놓은 수많은 감옥을 헐어버리는 것이었다.

'사랑받는 대통령'에 대한 이야기는 통틀어 석 장에 불과하다. 많은 장을 할애하여 잘못된 통치와 억압받는 국민들을 묘사하고 있는데 '사랑받는 대통령'이 제목이라니. 훌륭한 통치자를 만나는 것이 매우 어려운 일이며 만남의 순간도 길지 않다는 의미일까. 그보다는 어리석고 미련한 통치자의 행태를 되짚어, 역으로 행하기를 기대하는 마음이리라. 어떤 것이 국민을 괴롭히고 자유를 억압하며 행복을 빼앗는 일인지 조목조목 알려주고 싶은 마음이리라. 그리고 국민들에게는 좋은 대통령을 뽑는 일이 얼마나 막중한지 깨닫게 하려는 것이리라.

그림책을 덮고 난 뒤 다시 처음부터 그림만 찬찬히 훑어본다. 대통령의 행보에 따라 울고 웃는 사람들의 얼굴이 그림책 왼쪽 위 끝에 증명사진처럼 등장한다. 국민들은 표정으로 증명한다. 현재 국가원수의 통치 능력을.

『바나나가 더 일찍 오려면』

정진호 글·그림 | 사계절 | 2024

당연한 건 없다. 없는 당연함을 있는 것으로 만들기 위한 최선의 일군에 감사함은 덤으로 얹을 게 아니다.

당연함에 대한 감사

(그림책: 『바나나가 더 일찍 오려면』)

도로는 깨끗하고 신호등은 잘 정비되어 있어 이물질을 밟지 않으려 차선을 이탈하거나, 꼬리가 잘리지 않는 교통체증의 늪에 빠질 일이 한결 줄어든다. 누군가의 노고 덕분이다. 점심시간에 들어간 식당에서 계절감이 느껴지는 푸성귀, 생선 등의 식재료로 정갈하게 만든 음식을 먹으며 기운을 얻는다. 누군가가 기르고, 건져 올리고, 차려 낸 덕분이다. 컴퓨터로 작업하는 동안 전원이 끊기는 일은 발생하지 않으며, 출력물은 색 번짐 없이 화면과 똑같은 채색으로 출력된다. 전기와 기계를 다루는 누군가의 노고 덕분이다. 알지 못하는 누군가의 노고로 하루가 무탈하게 지나간다.

이 그림책 역시 누군가의 노고를 이야기한다. 다음 날 아침으로 먹을 바나나를 주문하는 '민주' 씨. 늦은 밤 주문이 다음 날 배송으로 이어지기까지 매시간 다양한 직군의 일손이 보태진다. 새벽에 문 앞에 도착한 바나나는 그것을 들고 온 배송 기사와 보이지 않는 무수히 많은 사람들의 땀의 결과일 것이다.

바나나의 새벽 배송 시간보다 더 일찍 일어나서 출근을 준비하는 배송 기사, 배송차의 운행보다 더 일찍 문을 연 주유소, 주유소의 영업시간보다 더 일찍 지하철을 타고 출근하는 주유소 직원, 지하철의 운행에 앞서 더 일찍 일어나 철로를 정비하는 정비사. 바나나 배송을 위해 온 도시가 협업하는 구조처럼 보인다. 그러나 배송 기사는 바나나만을 배송하지 않으며, 주유소는 배송차 주유만을 위해 문을 열지 않는다. 정비사가 정비한 철로를 오가는 지하철은 새벽 출근을 하는 다양한 사람들의 통근 수단이다. 그러고 보면 민주 씨의 바나나는 자신의 일을 소홀히 하지 않는 도시 모든 직업인들의 업무 결과이다.

픽토그램을 닮은 단순하면서 표현 의도가 명료한 그림과 하단에 자리한 큼직한 글이 시원시원하게 읽히며 책장을 넘기는 손에 가속도가 붙는다. 도시 노동자들의 땀이 릴레이로 이어진다. 나의 일을 허투루 여기지 않는 사람들이 총출동하여 도시의 구석구석을 빈틈없이 알차게 채워간다. 착한 사람들의 착한 열정이 그림책 내내 전개된다.

각자 맡은 소임에 충실하자는 도덕 교과서 속 사회윤리를 설파하는 것이 이 그림책이 전달하고자 하는 바일까. 너무 쉽게 해석당해서는 안 된다는 저항이 느껴진다. 그림과 글이 술술 읽힌다고 메시지도 덩달아 수월하게 찾아지는 것은 아니다. 반전이 있을지도 모른다. 하지만 지금은 일단 그림책이 이끄는 대로 가볍게 읽어보기로 한다.

"누군가는 새벽밥을 먹고, 음식을 준비하는 식당 주인은 일찍 일어나 장을 보고, 생선가게 주인은 생선을 진열하고, 어부는 바다로 나가 생선을 잡는다." 누군가의 노동과 그것에 앞선 노동들이 줄줄이 거슬러 올라간다. 문득 생각 하나가 그림책 속 그림과 겹친다. 밥 한 그릇이 밥상에 오르기까지 수많은 사람들의 노고를 기억해야 하며 특히 농부에게 감사한 마음으로 쌀 한 톨의 밥도 흘리지 않고 먹어야 한다는 어린 시절의 가르침이다.

얼굴도 모르는 사람들에게 감사한 마음을 갖는다는 게 의미가 있을까. 내 감사함이 그들에게 전해질 수 있을까. 부모님이 정당한 가격의 돈을 주고 구매한 제품에 왜 감사함의 마음까지 덤으로 얹어야 하는 걸까. 당돌하지만 나름 이유 있는 질문이었다고 생각한다. 성인이 되어 직장에서 첫 월급을 받으면서 봉투만 받고 감사하다는 말을 하지 않는다고 상사가 크게 꾸짖을 때, 정당한 나의 노동의 대가에까지 감사함을 가져야 한다는 그들의 논리가 어처구니없었다. '매사는 당연지사'이므로 '매사에 감사하라'는 글귀나 종교의 가르침(나는 비종교인이다)에 무감하며 동의할 수 없었던 시절이었다.

어린아이와 사회 초년생의 미숙하고 어리숙한 시기를 거쳐 이즈음의 나는 이 도시 어느 지점에서 녹슬지 않은 톱니바퀴의 하나로 아직도 잘 굴러가고 있다는 사실에 감사함을 느낀다. 그리고 나는 일순간 벼락같이 깨닫는다. 그림책 마지막 장에 다다른 시점이다.

민주씨 집 앞에 배송된 바나나. 민주씨는 새벽 출근을 위해 바나나를 주문했다. 새벽 일터로 출근하는 부모가 일찍 어린이집에 맡긴 아이를 돌보기 위해 민주씨는 그 부모보다 앞서 새벽에 출근해야 한다. 노동의 연결된 고리에 민주씨도 단단히 한몫을 걸고 있었다는 사실이 드러난다. 둔탁한 파열음 없이 이탈하지 않으면서 잘 걸쳐져 연결되어 있기에 민주씨도 나도 떨어지지 않고 잘 서 있는 것이다. 서로를 필요로 하는 도시의 요청이 지지되고 협력되어 엮인 믿음과 성실의 고리. 노동의 순환 체계이다. 그 속에서 일면식 없지만 우리는 어떤 방식과 형태로든 영향을 주고받고 있으며, 서로의 존재를 감지하고 있다. 지금 이 자리가 당연지사가 아닌 감사함의 이유이다.

반전은 없었다. 대신 깨달음이 있었다. 조리하는 번거로움을 덜기 위해 주문한 배달 음식에 얼마나 많은 사람들의 수고로움이 있었을지 그 노동의 고리를 상상해 본다. 내가 지출하는 금액만큼의 정당한 대가라고만 치부하기엔 돈으로 살 수 없는 그들의 숙련도와 정결한 마음이 지급되지 않은 빚으로 남는다. 당연한 건 없다. 없는 당연함을 있는 것으로 만들기 위한 최선의 일군에 감사함은 덤으로 얹을 게 아니다. 나도 독자도 그 감사함의 대우에 합류할 수 있는 일군임에 또 감사하다.

흑백 그림으로 구성된 그림책에서 유난히 노란색이 눈에 띈다. 표지 그림 바나나에서 시작해 책장을 넘길 때마다 그림 속 어느 하나의 사물에만 노란색이 칠해져 있다. 우리는 어떻게든 이 사회에서 모두와 연결되어 있다는 의미이다. 그림책을 읽으며 노란색 사물을 찾아 그것들의 의미를 연결해 보는 것도 작은 재미가 될 것이다.

『프레드릭』

레오 리오니 글·그림 | 최순희 역 | 시공주니어 | 1999

항상 졸면서 꿈꾸는 듯한 표정을 짓는 '프레드릭'의 모습은 우리가 예술가를 오해하는 측면과 닮아있다. 창의성과 표현을 위한 영감을 얻어내는 경로는 아무 일도 하지 않는 몽상가 정도로 인식되면서 자주 뒷면으로 잊히고 보이지 않는다.

베짱이에 대한 오해

(그림책: 『프레드릭』)

15년 전 이 그림책을 처음 만났을 때 나는 당혹감을 감출 수 없었다. 그림책이 말하고자 하는 의도를 전혀 이해하지 못하였기 때문에 당시 현장의 교사였던 나는 아이들과 함께 읽어볼 생각조차 하지 않았다. 어디선가 읽고 와 『프레드릭』 이야기를 먼저 꺼낼까 봐 두렵기까지 했다. 『개미와 베짱이』를 교과서로 학습하며 '열심히 공부해서 훌륭한 사람이 되는 것'을 장래희망으로 교육받은 세대인 나에게 이 그림책은 엇박자도 한참 엇나간 불협화소의 모음처럼 느껴졌다. 애써가며 열심히 안 살아도 되었나…. 기분 나쁜 질투심이 스멀스멀 차오르기까지 했었다.

더운 여름 열심히 식량을 모으는 개미와 신나게 노래만 부르는 베짱이. 추운 겨울이 오자 개미는 열심히 일한 대가로 따뜻한 집에서 끼니 걱정 없이 지내고, 집도 음식도 없이 추위에 떨던 베짱이는 결국 자존심을 굽히고 개미네 집 문을 두드려 도움을 받는다는 이야기. 교훈 이상의 경고가 담겨 있다. 베짱이 꼴이 되지 않으려면 개미처럼 '열심히' 마인드를 가지고 인생을 살아가야 한다. 공부도 일도 모두 열심히. 우리가 알고 있는 『개미와 베짱이』 이야기이다.

『프레드릭』은 『개미와 베짱이』의 패러디 이야기라고 볼 수 있다. 개미 역할을 하는 네 마리의 들쥐와 베짱이를 연상시키는 '프레드릭'(프레드릭 역시 들쥐이다). 프레드릭은 다른 들쥐들의 핀잔에도 일을 하지 않는다. 무리에서 이탈하여 눈을 감고 있거나 반쯤만 뜬 눈으로 몽상하듯 웅크리고 있다. 열정 가득한 눈으로 힘차게 움직이는 다른 들쥐들에 비해 프레드릭은 게으르고 나태하다. 의욕이 없고 무기력하며 왜 일을 하지 않느냐는 친구의 질문에 핑계나 대는 대단히 이기적인 구성원이다. 집단의 공동 목표 달성에 전혀 도움이 되지 않는다. 게다가 그가 둘러대는 핑계는 망상 같기만 하다. 햇살을 모으고, 색깔을 모으고, 이야기를 모으고 있다니!

겨울이 오고 들쥐들은 집 안으로 들어가 칩거한다. 식량을 모으는 데 동조하지 않았다고 내쳐지지 않은 것만으로도 프레드릭에겐 천만다행이다. 여기서 독자는 『개미와 베짱이』의 결말을 따르지 않는 이야기 전개에 프레드릭이 괘씸해지면서도 한편으론 우아하게 감싸안을 넓은 아량을 가진 자신을 다독이며 계속해서 이야기를 따라간다.

긴 칩거에 지치고 지루해진 들쥐들. 누군가 프레드릭에게 여름내 모은 프레드릭만의 양식에 대해 묻는다. 반쯤 감겨 항상 졸려 보이던 프레드릭의 눈이 또렷하고 총명해진다. 여름날 쏟아지던 햇살과 온갖 색을 품은 자연의 이야기가 프레드릭의 입에서 음악처럼 흘러나오고 들쥐들에겐 마법 같은 일이 일어난다. 햇살이 주위에 있는 듯 몸이 점점 따뜻해지고, 마음의 눈으로 자연의 선명한 색을 볼 수 있게 된다. 그리고 프레드릭이 모았던 '이야기'는 '시'가 되어 들쥐들을 감동시킨다. 어떤 생각이 드는가, 이야기의 결말이….

나의 심기를 건드렸던 화소는 두 부분이다. 공동체의 일원으로 책임을 다하지 않는 것, 분량의 책임을 다하지 않았음에도 오히려 인정받고 존중받은 것. 독자도 동감하는 바이리라. '열심히 일하지 않아도 괜찮나요?', '친구들이 일할 때 놀아도 나중에 웃겨주고 이야기만 잘하면 되나요?' 이런 질문이 날아들 것이 두렵고, 적당한 답변을 찾을 수 없어 아이들과 함께 읽기를 주저하였었다. 참…. 그림책을 직관적으로 읽던 시기였다.

그림책은 함축과 은유의 문학이다. 단순한 어휘와 간단명료한 문장으로 표현되어 있지만 그것으로부터 생각의 실마리를 풀어내어 보이지 않는 문단을 구성해 내는 해석력은 독자의 역량이자 재량이다. 작가가 쓰고 그리면서 생각한 의도와 독자의 해석이 맞아떨어지는 소위 '정답'의 사고란 있을 수 없다. 과거의 어느 때 들었던 감정이 근래 다시 보았을 때 전혀 새로운 관점으로 읽히는 필자처럼 말이다.

들쥐들이 공동체를 표현한 것이라면, 합의된 목표를 달성함에 있어 모두가 같은 업무를 진다는 것은 비효율적이다. 들쥐들을 학생의 표현으로 볼 때, 공부를 잘하는 학생(식량을 열심히 모으는 들쥐)뿐만 아니라, 달리기를 잘하거나 음악 혹은 미술을 잘하는 학생(프레드릭)도 충분히 학교생활을 잘하고 있는 것이다. 이런 면에서, 이 그림책은 개인이 가진 능력과 선호하는 업무 처리 방식의 다양성을 은유하고 있다고 볼 수 있다.

한편으로 예술의 가치를 들 수 있다. 프레드릭은 예술가이다. 그림책 마지막 장에서 그의 시 낭송에 들쥐들은 "넌 시인이야!"라고 인정한다. 식량을 모으는 일에 합류하지 않았다는 원성이나 비난은 없다. 오히려 그들의 단출한 일상을 풍성하게 해준 프레드릭의 역할을 소중하게 여긴다. 프레드릭으로 인해 들쥐들의 지루한 겨우살이 삶의 질이 상승하였다. 주 5일 근무하고 주말에 영화를 보거나 음악회, 미술관에 가는 우리네의 삶에도 예술은 없어서는 안 될 영역이다.

항상 졸면서 꿈꾸는 듯한 표정을 짓는 프레드릭의 모습은 우리가 예술가를 오해하는 측면과 닮아있다. 창의성과 표현을 위한 영감을 얻어내는 경로는 아무 일도 하지 않는 몽상가 정도로 인식되면서 자주 뒷면으로 잊히고 보이지 않는다. 그림책은 단순한 문장이지만 이를 놓치지 않고 언급한다. “나도 일하고 있어. 난 춥고 어두운 겨울날들을 위해 햇살을 모으는 중이야”, “겨울엔 온통 잿빛이잖아. 색깔을 모으고 있어”, “기나긴 겨울엔 얘깃거리가 동이 나잖아. 난 지금 이야기를 모으고 있어.” 그네들의 역할에도 고됨이 있으며, 다른 차원의 고민과 능력이 요구됨을 이야기한다.

베짱이는 왜 그동안 폄하되었는가. 이 그림책에 대한 생각이 달라지면서 슬며시 가여운 마음이 올라온다. 모두가 개미 같은 획일적 삶을 살지 않아도 되었는데, 그냥 무조건 ‘열심히’, ‘훌륭한 사람’이라는 동일한 모드의 동일한 목표를 설정하고 달려가기만 했다. 이제 베짱이는 유명한 뮤지션이 되었다는 결말로 그의 재능을 인정받아야 한다. 그도 ‘열심히’ 노래를 불렀으므로.

국내에 출간된 지 25년을 넘어서는 오래된 그림책이지만 현시점에서 읽어도 신선한 충격으로 다가오면서 방심한 사고의 한 축을 흔들어 댄다. 아마 세대에 따라 다르게 읽힐 것으로 본다. 필자처럼 7, 80년대에 교육받은 세대와 밀레니엄, 그리고 밀레니엄 이후 세대는 분명히 다른 관점일 것이다. 독자는 어느 세대이며 이 그림책이 어떻게 읽히는가.

1) 불운이 삶에 걸리적거릴 때: 그림책『불행이 나만 피해갈 리 없지』

2) 정작 중요한 문제: 그림책『중요한 문제』

3) 한 주를 살아내는 힘: 그림책『월요일기』

4) 나의 좌표: 그림책『두 갈래 길』

5) 유리 구두에서, 삶을 젓는 노로: 그림책『노를 든 신부』

6) '오늘'의 정체성: 그림책『내일』

2.
삶의 한복판에서

『불행이 나만 피해갈 리 없지』

정미진 글, 김소라 그림 | 엣눈북스(atnoon books) | 2019

불행이 애써 나만 피해 간 것이 아니라면, 행운 또한 일부러 나만 예외로 두지는 않을 것이다. 좋은 일, 나쁜 일 어느 한쪽만 일어나는 삶이 아니어서 행운은 더욱 환희로 다가오고, 불행은 또 견디어 볼 만한 것이 아닐까.

불운이 삶에 걸리적거릴 때

(그림책: 『불행이 나만 피해갈 리 없지』)

예기치 못한 나쁜 일을 불행, 기대하지 않았던 좋은 일을 우리는 행운이라고 부른다. 살아가는 동안 얼마의 비율로 불행과 행운이 다가올까. 패턴의 규칙이 적용되지 않는 삶의 무늬는 그래서 사람마다 다른 형태와 색깔, 명도와 채도를 갖는다. 수용하는 마음 상태에 따라 무늬를 이지러지게 하는 구김이 생기거나, 결이 매끄러운 문양이 만들어지기도 한다. 그러나 받아들이는 태도의 문제라고 치부하기엔 우리 삶에 다가오는 행운과 불행의 형태가 너무도 다양하고 무게도 제각각이다. 특히 불행은 이질적인 무늬를 직조시켜 삶의 방향을 바꾸어 놓기도 한다. 불행 앞에 견고해질 순 없을까.

두세 걸음 앞에 맨홀 구멍이 있다. 뚜껑 없이 들여다보이는 시커먼 입구가 만약 빠진다면 생각하기도 싫은 결과가 발생하리라

예고한다. 그런데 가방을 메고 걸어가는 이의 얼굴이 드러나지 않는다. 그림 아래 정서 된 제목처럼 구멍으로 빠지는 불행이 닥쳐올 것인가. 그림책 표지를 벗어난 얼굴이 여러 상상을 불러일으킨다. 위험을 눈으로 확인하고 건너뛰지는 않을까. 제목이 암시한 대로 맨홀에 빠지기 직전인 한눈파는 모습일까. 발밑 그림자를 왼편으로 따라가 뒤표지로 돌리면 앞표지와 하나의 그림으로 연결되는 것을 확인할 수 있다. 그림자 끝엔 등을 곧추세우고 앉은 고양이 한 마리가 눈을 동그랗게 뜨고, 앞서 걸어가는 이의 뒷모습을 쳐다본다. 고양이의 예감은 무엇일까.

세 장의 양면 그림이 먼저 도입부를 구성한다. 주인공의 삶의 배경을 설명하는 그림들이다. 화목해 보이는 가족사진들. 그러나 집을 나서려는 이의 등이 어쩐지 쓸쓸해 보인다. 이어서 다음 장은 원경으로 화면이 멀어지면서 동네 전체를 비춘다. 그리고 마주하는 속표지에서 다시 한번 제목이 언급된다. '불행이 나만 피해갈 리 없지'

노란 스웨터에 검정 운동화, 가방을 어깨에 메고 현관을 나서는 여자. 표지에 없던 얼굴이 비로소 드러난다. 생각에 잠긴 듯 빠르지도 느리지도 않은 걸음. 표정이 느껴지지 않는다. 여자의 생각들 혹은, 나지막이 읊조리는 말들이 타이핑되어 글 텍스트를 이룬다. 집을 나와 귀가까지의 하루 여정과 그사이에 벌어지는 짧은 사건들, 그리고 꼬리를 물고 이어지는 여자의 생각들이 이야기로 전개된다.

집 밖으로 나오다 계단에서 넘어져 무릎에 상처를 입는다. 마른하늘에 날벼락처럼 머리 위에 새똥이 떨어지고, 높게 쌓아 올려진 책 더미가 골목을 빠져나오는 순간 옆으로 쏟아져 내린다. 진흙탕을 지나가던 자전거 바퀴가 노란 스웨터에 시커먼 오물을 튕기고, 도착한 도서관(으로 추측)은 하필 휴관이다. 이어 걸터앉은 벤치가 무너져 내리는 백 년에 한 번 있을까 말까 한 일이 여자에게 일어난다.

행복으로 가득했던 나날들이 있었고 행운이 나를 선택함에 주저하지 않는다고 여겨지던 시간이 있었다. 하지만 불행이 생각보다 가까이 있다는 걸 알게 되고, 시공간을 가리지 않고 쉬어 갈 새도 없이 자주 닥쳐오면서 여자는 생각한다. 불행이 자신만 비껴갈 리는 없을 것이라고. 감당할 수 없는 일이 연거푸 몰아치는 가운데 여자는 생각의 소용돌이를 진정시키는 한마디를 내뱉는다. "불행이 나만 피해갈 리 없지."

사소한 운 없음이 불행의 감정으로까지 치달을 수 있을까. 의구심이 드는 찰나, 넘긴 다음 장에는 전반부의 가족사진과는 어딘가 달라진 사진들이 흩어져 있다. 다양했던 밝음의 색감이 모노톤의 흑백으로 바뀌어 있고, 군데군데 사진에는 인물이 빠져 있다. 가족의 죽음과 부모의 이혼을 짐작하게 한다. 그리고 이러한 불행은 연달아 이어졌던 것으로 보인다. 여자의 하루 동안 꼬리를 물고 이어졌던 몇 번의 나쁜 일들과 그럴 때마다 되뇌었던 불행에 관한 생각들이 좋지 않았던 이전의 기억에 연루되어 있음을 이해하게 된다. 밤이 되어 집으로 돌아가는 여자는 고개가 더 수그러진 모습이다.

이 세상에 행운과 불행의 구체적 사례는 나 하나이다. 나만이 그것을 행운 혹은 불행이라 이름 붙일 수 있다. 심정적으로 동조할지언정 사태 안에서 온몸으로 체험하지 않는 한, 공감에 머무를 수밖에 없다. 타인에게는 몇 퍼센트의 확률로 발생할 수 있는 일이 내게 닥치면 백 퍼센트가 되어 버린다. 그 백 퍼센트 확률의 사건을 감당해 내었던 시공간의 기억이 각인으로 남는다. 누구도 감히 '나도 그런 일 겪었어'라고 말할 수 없는 나만의 특수한 삶의 데이터가 그렇게 쌓인다. 그것은 힘이나 위안이 되어주기도 하지만, 때론 절망으로 옴짝달싹 못 하게 삶 전체를 묶어버리기도 한다. 여자의 하루는 불행에 대한 상념으로 끝날 것인가.

불현듯 섬광처럼 그리고 조용히 생각 하나가 올라온다.
"행운도 나만 피해 갈 리 없지."

마지막 장을 넘기고 그림책을 뒤집어 다시 앞표지로 돌아오면, 표지 위 보이지 않는 여자의 얼굴이 그려지면서 시선이 맨홀을 향하고 있다고 확신하게 된다. 계속되는 불운의 여파에 고개 숙이지 않고 남은 삶을 똑바로 응시하며 살 것이라는 기대감이 든다. 불행이 애써 나만 피해 간 것이 아니라면, 행운 또한 일부러 나만 예외로 두지는 않을 것이다. 좋은 일, 나쁜 일 어느 한쪽만 일어나는 삶이 아니어서 행운은 더욱 환희로 다가오고, 불행은 또 견디어 볼 만한 것이 아닐까.

쨍하지 않은 톤 다운된 색감의 그림이 어둡지만 부드러운 인상을 준다. 반대로 재질은 만지면 살짝 거칠게 느껴지는 그림책이다. 주인공의 상념이 거름 없이 독자에게 전달되기에 효과적이다. 삶은 적당히 투박하다.

아이보다는 성인이 읽으면 생각거리가 더 많을 이 그림책을 통해 나를 피해 갔었던 불행이 있다면 가슴을 쓸어내리고, 내게 오지 않았던 행운이 있다면 더욱 극적으로 만날 날을 기대하는 소박한 마음을 슬쩍 가져보아도 좋겠다.

『중요한 문제』

조원희 글·그림 | 이야기꽃 | 2017

별것 아닌 일로 소중한 삶의 순간들을 흘려보내고 있지는 않은가. 별것이라 할지언정 모든 소중함의 우위에서 나의 삶을 좌지우지하고 있지는 않은가.

정작 중요한 문제

(그림책: 『중요한 문제』)

하루의 무게는 작지 않지만 물 흐르듯 자연스럽게 흘러가는 일상의 평온함이 그 무게감을 완충시킨다. 내게 맞춰진 반복적이고 체계적인 일상은 지루할지언정 문제가 불거지지 않기에 평범함 속의 행복이라고 만족할 만하다. 그래서 우리는 '무탈'한 하루를 소망한다.

문제는 아주 사소하게 발생한다. 그림책 속의 '네모' 씨처럼 동전 크기만 하게 시작되는 경우가 허다하다. 이것이 평온했던 일상을 흔들 만큼의 문제인지는 '나'의 판단에서 비롯되지 않는다. 문제가 나를 떠나 객관화되면서 그 위중함이 한층 더해진다. 공교롭게도 문제를 해결하는 방식은 일상을 어그러지게 하고 혼란을 가져온다. 그러나 '문제' 앞에 속수무책인 우리는 이 과정을 '해결'이라고 믿어 의심치 않는다. 이때부터 문제는 '중요한' 문제가 되기 시작한다. 네모 씨에게 발생한 동전 크기의 '탈모'가 일상을 마비시키는 '중요한 문제'가 되는 것처럼.

문제 해결을 위해 찾은 병원에서 네모 씨는 의사로부터 문제가 '심각하다'고 진단받는다. 아울러 엄격히 지켜야 할 각종 처방을 듣는다. 네모 씨의 생각이나 의견은 전혀 작동하지 않으며, 행여 의견이 있다 한들 전문가의 해결 방식 앞에 내어놓을 카드가 되지 못한다. 탈모가 문제로 판단된 순간부터 네모 씨는 문제를 발생시킨 진원지일 뿐이다. 동전만 한 크기의 탈모가 더 넓어지지 않도록 네모 씨는 마음을 굳게 다잡는다. 탈모는 이제 네모 씨의 일상을 침범하는 아주 심각한 문제가 되어 버린 것이다.

의사의 처방은 이제까지의 일상을 완전히 뒤엎는다. 통풍이 중요하다는 이유로 모자를 쓸 수 없으며, 땀을 흘리면 안 된다는 이유로 네모 씨는 자전거 출퇴근도, 새벽 달리기도, 주말 등산도 그만두게 된다. 두피에 안 좋다는 이유로 좋아하는 온수 샤워도 자제해야 하고, 동물의 털이 악영향을 준다는 이유로 반려견과도 거리를 두게 된다. 즐기고 좋아하던 일들을 모두 자제해야 하는 한편, 싫어도 해야 할 일들이 생긴다. 먹기 싫은 채소와 해조류, 검은색 음식을 먹어야 하고, 시간 맞춰 복용해야 할 약 그리고 바르는 약을 챙기는 것, 두피 마사지, 침을 맞는 것까지…. 새로운 일상의 목록이 투입된다. 순조로운 일상을 역행하는 처방은 점차 네모 씨에게 무거운 짐으로 다가온다.

탈모에 스트레스가 최악이라는 의사의 경고대로, 노력하면 할수록 이상하게 네모 씨는 모든 스트레스의 중심에 서 있는 자신을 발견한다. 그동안 네모 씨에게 행복과 즐거움과 기쁨과 만족감을 주었던 일들이 치료라는 명분으로 통제되면서 네모 씨는 점차 우울한 사람이 되어 버린 것이다. 동전만 한 크기의 탈모가 그토록 '중요한' 문제였던가! 온갖 발버둥에도 나아지지 않고 오히려 심려만 키우는 네모 씨의 불안정한 하루가 흩어져 날리는 머리카락 속에서 기울어간다. 어느새 네모 씨는 쓰면 안 된다는 모자를 깊숙이 눌러 쓰고 거리를 걷고 있다.

집에 돌아온 후 네모 씨는 안 되는 줄 알면서 뜨거운 목욕을 한다. 마음이 점점 편안해지면서 그동안 밀쳐두었던, 너무나 좋아했었던 것들이 떠오르기 시작한다. 따뜻한 샤워기 물을 맞으며 눈을 감은 네모 씨의 얼굴이 평화롭다. 네모 씨의 마음을 글이 대신 이야기한다. "너무 자연스러워서, 좋아하는 줄도 모르고 당연하게 해 왔던 것들." 그리고 여기서 그림책이 달하지 않은 이야기가 독자의 입에서 무심결에 터져 나오게 된다. '정말 중요한 건 그거였던 거야!'라고.

결국 네모 씨의 탈모는 치료되지 않았다. 그리고 네모 씨는 '중요함'의 저울질에서 스트레스를 받지 않았던, 만족감을 느꼈던 이전의 평온한 일상을 선택한다. 역행하는 일상에서 오는 무게감으로 탈모가 낫지 않을 바에야 차라리 순조로운 일상으로 회귀하는 것이 현명하다고 판단했음 직하다. 무게감은 삶을 지치게 하고, 지속하여야 할 의지를 감소시킨다.

완만한 산등성이를 달려 올라가는 네모 씨. 그의 뒤로 불그스름한 색의 잘 닦여진 길이 드러난다. 그리고 손에 쥔 검정색의 밀대 옆으로는 먼지 같은 오라기가 흩어진다. 이전의 감각이 네모 씨의 상념 안에서 서서히 되살아난다. 차고 신선한 새벽 공기, 자전거가 가르던 둥글둥글한 바람, 복슬복슬한 반려견의 촉감. 네모 씨의 마음이 따뜻한 물속에서 이완되고 잔잔한 흐름대로 몸이 부유한다. "네모 씨는 오랜만에 활짝 웃었어." 그림책이 네모 씨를 향해 흐뭇하게 미소를 띤다.

활짝 웃는 네모 씨의 얼굴 아래 세면대로 머리카락이 수북하다. 독자는 급히 이전 그림을 다시 넘겨볼 것이다. 그리고 깨닫는다. 그 산등성이는 네모 씨의 머리였다! 밀대를 쥐고 산등성이에 길을 내던 그림은 네모 씨가 스스로 삭발하는 모습이었다. 동전 크기만 한 탈모는 이제 자취도 없이 사라져 버렸다! 탈모가 사라지면서 '중요했던' 문제 역시 사라졌다.

우리 삶에 정작 중요한 것은 무엇인가. 이 그림책이 묻는다. 무언가에 매달려 있느라 놓치고 있는 것들을 한 번쯤은 되돌아보라고 이야기한다. 동전 크기의 탈모로 은유될 수 있는 것들이 우리 삶에는 아주 많다. 일에 매달리느라 건강을 놓치는 직장인, 아이의 성적만 점검하느라 마음을 읽어주지 못하는 부모, 못하는 하나에 매몰되어 잘할 수 있는 여러 개를 돌아보지 못하는 우리…. 그림책에서 네모 씨가 삭발하듯 건강을 놓치지 않으려 퇴사한다거나, 아이의 학원을 모두 끊는다거나, 자신감을 내세우며 모든 일에 도전장을 내밀어 볼 수도 있을 것이다. 네모 씨의 행보가 독자의 선택에 영향을 줄 수 있을지 모르나, 결국 사안의 '중요성'과 그것을 '문제'로 이름 붙이는 것은 개인의 판단이다. 그 문제가 동전 크기보다 훨씬 작아지거나, 걷잡을 수 없이 커지거나, 완전히 사라지거나 하는 과정 역시 개인이 생각하는 '중요함'의 기준으로 조정될 것이다.

그림책은 유쾌하게 끝을 맺는다. "동전 크기만 하게 시작된 문제는 이렇게 끝났지."

별것 아닌 일로 소중한 삶의 순간들을 흘려보내고 있지는 않은지, 별것이라 할지언정 모든 소중함의 우위에서 나의 삶을 좌지우지하고 있지는 않은지, 네모 씨와의 만남을 통해 독자의 '중요한 문제'는 무엇인지 생각해 보았으면 한다.

『월요일기』

조윤주 글·그림 | 다그림책 | 2025

우리는 종종 감당하기 어려운 현실 앞에 자기를 위장하면서 본인조차 모르게 자신을 속일 때가 있다. 한 주의 큰 버팀목이라 믿었던 것이 실은 가짜 위안이었던 것처럼.

한 주를 살아내는 힘

(그림책: 『월요일기』)

두 부자가 유난히 지치고 슬픈 얼굴로 베란다에 기대서 있다. 아빠와 아들의 축 처진 눈매가 일의 성격은 다를지라도 그것을 헤쳐가는 과정은 똑같은 무게의 힘듦이라고 말한다. 그리고 그 일이 다가오는 시점이 제목으로 표기되어 독자를 이해시킨다. '월요일기'

일요일 저녁마다 괴롭고, 월요일마다 불행한 '수돌' 씨와 '수동이'가 등장한다. 월요일이 다가온다는 생각만으로 깊은 한숨이 쉬어지고 아무 일도 손에 잡히지 않는다. 푹신한 소파에 앉아 상상하는 월요일 아침 빽빽한 지하철 속 풍경과, 다그치는 상사의 얼굴은 더욱 불편하고 감당하기 어려울 것처럼 느껴진다. 월요일마다 치러야 하는 시험과 방과 후 학원을 상상하는 수동이 역시 끌어안은 애착 인형의 몽글거림과 부드러움과는 전혀 상반되는 느낌으로 월요일의 일과가 연상된다. 그들은 그렇게 폭신한 소파에 몸을 담그고, 털북숭이 인형을 양팔에 끌어안고선 재미없고 하기 싫은 일들의 천지인 월요일과 한 주의 시작을 괴로워한다.

예상했던 대로, 그리고 그들의 몸과 마음이 기억하는 대로, 월요일은 그들을 불행한 사람으로 몰아간다. 수돌 씨의 업무엔 쉼이 주어지지 않고 성과 앞에선 늘 작아진다. 수동이는 시험을 늘 망치고 수업은 재미가 없다. 그런데 이건 시작일 뿐이다. 불행의 시간들은 월요일을 필두로 금요일까지 전개될 예정이기 때문이다.

다행히도 이들이 한 주를 견딜 수 있게 해주는 방법이 있다. 단골 초밥집에서 좋아하는 음식을 먹는 것. 불행했던 월요일 일과를 마치고 저녁에 맛있는 초밥과 우동을 먹으면서 이들은 남은 불행할 요일들을 견뎌낼 힘을 얻는다. 그림책에서 처음 마주하는 수돌 씨와 수동이의 불행하지 않은 얼굴이다. 음식을 먹는 그들의 눈이 초승달 모양이다.

일요일 저녁이 괴롭지 않을 요량으로 소파에 깊숙이 파묻힌 김에, 부드러운 인형을 껴안은 차에 재미없고 싫은 월요일 일과보다는 저녁에 맛볼 음식을 먼저 떠올리는 건 어땠을까. 한 주를 힘내서 살게 할 맛있는 음식을 생각하면 일요일 저녁의 괴로움이 한결 작아지지 않았을까. 그러기엔 업무가, 학업이, 삶이 주는 무게가 압도적이어서 위안이나 보상이 주는 설렘이 감지되지 않았던 것인지도. 그러고 보니 수돌 씨와 수동이는 한 주를 살아가는 것이 아니라 견뎌내고 있었고, 견디는 방식으로 입맛에 맞는 음식을 한 끼 즐기는 것으로 그저 소박하게 대처하고 있었다.

누군가는 그것으로 충분히 한 주를 살아가고 삶을 이어갈 수 있으리라. 매 저녁을 맛있는 음식으로 차리지 않더라도 한 주에 하루라는 희소성으로 더 감사하고 더 유용하게 여기며 그 한 끼로 인해, 아니 어쩌면 그 한 끼를 위해 다음날을 부지런히 살아갈 수 있는 것이리라. 너무나도 수수한 부자의 '한 주 견뎌내기' 방법이 배가 채워짐에 따라 마음도 채워지면서 만면에 웃음을 띠고 있는 지금 이 장면에서 모쪼록 문제가 해결되어 해피엔딩으로 종결될 것으로 희망하고 싶으나, 그림책은 이제 겨우 삼분의 일밖에 그림을 보여주지 않았다.

부자의 낙이었던 음식점이 문을 닫는 불상사가 벌어진다. 그들의 머리에 떠오른 생각은 단 하나, "이제 어떻게 일주일을 보낼 힘을 얻을 수 있을까?"뿐이다. 매우 당황한 이들이 선택한 방법은 그들 입맛에 맞는 다른 초밥집을 찾아 나서는 길이다. 고민도 대안도 필요 없는 즉각적이고도 일차원적인 대응이다. 불행한 나날들을 묵묵히 참아내는 데 절대적인 위안이 되어주는 완벽한 음식이 없는 삶이란 당장 다음 날을 견뎌낼 마음의 양식 한 토막이 제공되지 않는 것이며, 이는 공복의 삶을 의미한다. 거의 한 계절 동안 적당한 초밥집을 찾으러 다녔을 만큼 그들은 삶의 견딤과 음식과의 상관성에 대해 매우… 지나치리만큼 진심이었다.

겨우 그들 입맛에 맞는 음식점을 찾아내었고 수돌 씨와 수동이는 원래의 한 주 루틴대로 돌아갔으며 그들의 마음이 한결 가벼워졌다고 그림책은 말한다. 가뿐한 마음으로 출근과 등교를 한 그들. 그런데 여전히 해결되지 않은 문제가 추가로 불거졌음을 네 개의 사각 프레임으로 마치 자료 보고하듯 수돌 씨와 수동이의 상태를 보고한다. 두 개의 네모 칸 안에는 수돌 씨의 답답하고 괴로운 상황이, 오른편 두 개의 네모 칸 안에는 수동이의 속상하고 우울한 마음이 각각 그려지면서 새로운 맛집 발견에도 불구하고 그들의 삶은 이전처럼 견뎌낼 만하지 않다고 말한다.

맛있는 음식이 그들을 살아가게 했다는 건 환상이었을까? 수돌 씨와 수동이가 마음에 심어 놓은 자기기만이었을까? 우리는 종종 감당하기 어려운 현실 앞에 자기를 위장하면서 본인조차 모르게 자신을 속일 때가 있다. 한 주의 큰 버팀목이라 믿었던 음식이 실은 가짜 위안이었던 것처럼. 혹은 위안이 너무도 미약하여 삶의 먼 지점까지 미치지 못하고 그 효력을 잃게 되는 것인지도. 어느 쪽이든 그들의 위락 방식이 삶을 지탱할 만큼의 에너지를 주지 못했다는 것만큼은 사실이다.

부자는 월요일 아침, 돌연 바다로 향한다. 불행하지 않은 그들의 첫 월요일이자 온전히 자신을 위해 보낸 첫 하루이다. 괴롭지 않은 일요일 저녁과 불행하지 않은 월요일을 보내는 동안, 일주일을 견딜 수 있는 새로운 힘의 원천을 발견한다. 이것이야말로 그들 인생에서 전연 새로운 방식이자 도전이고 현재의 삶을 바꾸는 시도이다. 업무와 학업의 귀퉁이에서 불안해하며 꼼지락대듯 쉬어 가는 주말이기보다 그것과 등지고 전혀 새로운 활동에 온몸을 들이밀어 에너지를 쏟음으로써 오히려 에너지를 충전해 가는 방식이 그것이다. 그림책 마지막 두 장, 네 컷의 그림에서 그들이 찾은 방식이 독자를 웃음 짓게 한다. 캠핑을 하고, 수중탐험을 하며, 놀이기구를 타고, 모래사장에 누워 있다.

독자의 한 주를 지탱하게 해 주는 위안은 무엇인가. 필자는 집에서 내리는 커피보다 투명 컵에 잔얼음과 커피가 일대일로 찰랑거리며 고운 뜨개질 받침대에 내어오는 커피가 위안이 되어 주곤 한다. 그 위안이 몇 시간, 길게는 하루를 견디게 할 때도 있지만, 결국은 순간이고 찰나이다. 이 그림책을 읽으며 필자 역시 골몰하였다. 찰나를 영겁으로 이어줄 마법의 커피는 어디서 찾아야 할까. 한 주가 힘든 독자라면 이 그림책을 읽으며 필자와 함께 찾아보길 권한다.

『두 갈래 길』

라울 니에토 구리디 글·그림 | 지연리 역 | 살림출판사 | 2019

평행선으로 내달려 일생 만나지 않을 관계인지, 2차선으로 맞붙은 동료의 관계인지, 온전히 한 길로 합쳐져 마음과 일상을 공유하는 관계인지는 내 길에 우뚝 선 나에게서 나올 대답이다. 대답이 정답은 아니듯, 관계도 정답이 없다.

나의 좌표

(그림책: 『두 갈래 길』)

막힘과 뚫림이 산만한 선들 속에서 이어지는 통로를 찾아내어 출발지부터 도착지까지 하나의 선으로 연결해야 하는 '미로 찾기' 게임을 하고 나면, 구부러지거나 빙 돌아서 갈지언정 결국 길은 하나였다는 사실이 드러난다. 막다른 선에 다다라 되돌아 나온 흔적이 군데군데 남아있지만, 가지 않은 길은 곧 지워지고 최종 선택된 길만 굵직하게 미로 속에서 섬광처럼 떠오른다. 우리 삶도 그렇다. 선택하지 않고, 가지 않은 길은 표식되지 않는다. 그래서 내 등 뒤로 펼쳐진 과거 모든 시점과 현재의 나를 연결하는 길은 하나이다.

언뜻 보면, 이 그림책은 양자택일로 삶의 중요한 순간을 결정해야 하는 선택의 문제를 담고 있다고 읽힌다. '두 갈래 길'이 한 사람 앞에 놓인 선택의 기로이고 갈래의 길들이 각각 펼쳐 보일 삶의 국면이 어떻게 다를 것인가 하는 것 말이다. 하지만 제목 아래 그림이 이 생각을 완벽하게 뒤집는다. 두 개의 길 위에 두 명의 사람 즉, 남자와 여자가 각각 한 갈래씩의 길 위를 걷고 있다. 한 사람 앞에 주어지는 길은 하나이며 주어지되 가지 않고 머무를 수는 있으나, 다른 길로 들어섰더라도 그것 또한 연결되는 하나의 길이며, 돌아 나왔다면 흔적은 남을지나 여전히 하나의 길 위를 걷고 있다. 표지의 그림은 명징하게 말한다. 하나의 삶이 하나의 길이라고.

지도 위에 표기하면 어울릴 것 같은 기호적 나무 표상이 표제지의 '두 갈래 길' 글자 왼편에 흩어져 있다. 길은 아직 보이지 않는다. 다음 장에서 구획을 나누듯 나무들 사이를 가로지르는 여러 갈래 길들이 만들어진다. 길은 서로 교차하기도 하고 전혀 다른 방향을 향하기도 하면서 양쪽 면 전체 네모 화면 안에서 최대한 길게 만들어지고 있다. 그리고 그 길 어디쯤 여자와 남자가 걷고 있다. 물론 한 갈래씩의 길 위를. 화면대로라면 남자는 왼편에서 오른쪽으로 걸어와 비스듬히 북쪽을 향해 걷는 동안 그림책 화면 밖으로 사라질 것이다. 반대로 여자는 오른편에서 왼쪽으로 완만하게 걸어가다 우회전하면서 역시 화면 밖으로 사라질 것이다.

두 사람이 각각 사라질 지점을 화면 밖에서 점으로 확인하다 문득 이 둘이 교차로에서 마주치게 될 가능성을 떠올린다. 교차로를 통과하여 우직하게 걸어가거나, 방향을 틀어 '좌 또는 우'로 길을 바꿀 수 있을 것이다. 그리고 어쩌면 두 사람이 하나의 길로 들어서게 될지도 모른다. 한 사람이 두 길을 걸을 수는 없지만 한 길에 선 두 사람의 동행은 충분히 상상할 수 있다.

본 이야기에 들어가기도 전, 지도와 묘하게 닮은 양면 그림이 세계지도를 펼쳐 놓고 미지의 나라로의 여행을 꿈꾸듯 두 남녀의 행보를 여러 갈래 길로 상상하게 한다. 간결하게 기호처럼 그려진 남녀의 표현이 마치 게임의 '말'로 여겨져 손으로 집어 몇십 걸음 앞에 놓거나, 후진하여 몇 걸음 뒤에 올려놓고 싶은 충동을 일으킨다. 주사위를 굴려 나오는 숫자로 전진과 후진이 결정되는 게임처럼. 그러나 길의 방향과 보폭을 정해주는 주사위 같은 것이 실제 삶에 있다면, 그건 요행이나 미신일 뿐이다.

이야기는 왼쪽과 오른쪽으로 화면을 나누어 여자와 남자의 길을 표현한다. 두 사람은 각각의 집에서 문을 열고 나온 후, 줄곧 자신의 화면 안에서만 길을 걸으며 삶의 여정을 이어간다. 남녀의 여정이 분할되어 그려진 그림이 서로 접점이 없는 이방인의 삶을 표현한 듯하지만, 글은 오히려 모든 사람의 삶을 아우르는 보편적인 진리를 내레이션한다. "길 위에는 신기한 것도 많고, 두려운 것도 많지…. 밤처럼 온통 캄캄할 때도 많지만, 뜻밖의 재미있는 일들도 많아…. 온 길을 되돌아가기도 하고, 말없이 걸어야 할 때도 있어…."

분리된 화면 안에서 외길로만 뻗어가던 길이 반듯하게 붙여진 2차선 도로로 등장한다. 두 사람은 여전히 자신의 길 위를 걷고 있지만 근거리에 있으며 같은 방향을 향하고 있다. 삶의 목적과 방향이 같은 동료끼리 서로 지지하며 응원해 주는 관계 같다고 할까. 두 사람은 언제 서로의 존재를 알게 되었고 나란히 함께 서게 된 걸까? 견고하게 분할되어 우직한 '내 길 걷기'를 종용하는 그림 안에서조차 서로 영향을 주고, 영향을 받고 싶어 하는 인간의 욕구를 감출 수 없었다고 생각한다. 분할된 화면이지만 두 사람이 미세한 눈 마주침을 하고 필요한 정보를 건네받는 소소한 움직임이 표현되곤 했다. 숨은그림찾기처럼.

2차선 도로를 나란히 걷던 두 사람이 다음 장에서는 교차로에 이른다. 잠시 마주 선 두 사람. 아직은 자신의 길 위에 두 발을 딛고 있다. 그리고 이어지는 다음 장에서 두 사람은 엇갈려 지나치지 않고 계속해서 함께 가기로 한다. 여전히 2차로를 걷고 있지만 둘의 거리는 한결 가까워져 있다. 걷는 도중 서로를 쳐다보며 담소를 나누고 보폭을 맞추며 걷는 그림에서 그들의 관계가 더욱 발전했으며 애정이 충만하다고 느낀다. 이런 독자의 상상에 반전 같은 이야기는 나타나지 않길 바라며 다음 장을 걷는다.

두 사람은 손을 잡고 있으며 그들이 걷고 있는 앞길이 점차 하나의 길로 합쳐진다. 그렇게 하나의 길로 들어선 두 사람을 뒤로 하고 마지막 장은 첫 화면과 같이 두 개의 집이 각각 왼쪽과 오른쪽으로 그려진 그림이다. 왼쪽 집 문만을 살짝 열어둔 채로 그림은 소리 없이 이야기한다. '자, 마음껏 상상해 보세요!'라고. 여기서 글은 소리 내어 말한다. "인생은 찬란해지지."라고.

아무도 가지 않은 외진 곳을 발로 다지고 다져 사람들을 이끄는 길을 생각한다. 고속도로처럼 매끈하고 장애물 없는 길, 돌투성이로 조심스럽게 발을 디뎌야 하는 길을 생각한다. 교차로에서 만난 누군가가 멋지고 대단하게 보여 그 길에 합류하고 싶어진다. 세심한 조언과 용기를 북돋는 이에게 영감을 받아 그의 곁에 나란히 서서 걷고 싶어진다. 때론 사람들이 걷고 있는 길을 가만히 앉아 바라보고만 싶다. 길의 종류, 길의 방향, 그리고 속도는 정해진 것이 없다. 정해주는 이도 없다. 대신 영향을 주고받는 사람들과의 관계는 걸어가는 길을 견고하게도 독특하게도, 그리고 다른 길로 전환하게도 한다. 외곬으로 전연 관계의 영향 안에 들지 않을 것 같은 사람조차 그의 외곬이 행하는 마음과 행동은 사람을 향해 있을 수밖에 없다.

'두 갈래의 길'은 이 그림책이 던지는 화두이다. 남녀가 등장하여 이성 관계로 읽히고 해석될 여지가 높으나, 삶이라는 여정에서 맺게 되는 무수한 사람들과의 관계로 읽어도 무방하다. 평행선으로 내달려 일생 만나지 않을 관계인지, 2차선으로 맞붙은 동료의 관계인지, 온전히 한 길로 합쳐져 마음과 일상을 공유하는 관계인지는 내 길에 우뚝 선 나에게서 나올 대답이다. 대답이 정답은 아니듯, 관계도 정답이 없다.

단순하고 간결하면서 감각적인 그림이 마치 그래픽 디자인 작품을 보는 듯하다. 작가의 이력과도 무관하지 않다. 이토록 간결한 그림에서 이토록 많은 이야기와 생각이 떠오르다니, 그림이 담고 있는 함축성이 새삼 대단하게 느껴진다. 오늘도 자신의 길 위에서 서다 가기를 반복하고 있을 독자에게 잠시 관계의 좌표를 생각해 볼 기회를 권한다.

『노를 든 신부』

오소리 글·그림 | 이야기꽃 | 2019

부족함과 미진함의 여건에서 어떻게 하면 자신의 고유성을 잃지 않으면서도 꿈과 열망을 당당하게 표현하고 이뤄갈 수 있을 것인가.

유리 구두에서, 삶을 젓는 노로

(그림책: 『노를 든 신부』)

신데렐라의 유리 구두는 왜 그녀의 발에만 들어맞았을까? 어릴 적 내 신발이 동급생 친구의 발에도 쏙 들어가는 걸 보고 적이 실망하였었다. 누구나 신을 수 있는 신발을 신는, 특별함이라곤 전혀 없는 '나'라는 아이가 동화 속 공주처럼 신발을 잃어버린들 왕자가 그게 내 것이라고 알아봐 줄 수 없다는 사실이 어린 나를 매우 절망케 하였다.

구두 한 짝으로 간택된 공주 이야기는 전래동화의 전형적 특성인 여성의 수동성을 나타낸다. 시대착오적 사고방식으로 오인할 수 있으나, 구전되던 당시 사람들의 관습과 문화를 생각해 보면 '옳다, 그르다'로 따질 수 없다. 그 시대의 당연한 이치일 뿐이다. 그럼에도 불편하게 다가오는 부분들이 교육적 취지, 혹은 현대사회 이념에 적절하지 않다고 하여 개작하거나 창작하는 시도들이 이어지고 있다. 기성품이 넘쳐나고 똑같은 치수의 구두가 다수의 여성에게 신겨지는 시대이니만큼 '공주 발에만 들어맞는 구두'라는 설정으로 어린 나의 자존감을 떨어뜨리는 데 일조했던 유리 구두 이야기를 전면에서 들이받는 새로운 이야기의 출현이 당연하면서 반갑다.

『노를 든 신부』 그림책에는 공주 대신 하얀 드레스를 입은 신부가 등장한다. 유리 구두 대신 배를 움직이게 하는 '노'가 핵심 소재로 등장한다. 표지에서 느껴지는 신부는 다소곳하고 음전하기보다 힘차게 발을 앞으로 내딛는 모습이 여장부 같다. 드레스의 부풀린 어깨가 럭비선수를 연상시키면서 노를 쥔 팔과 손이 운동으로 단련된 듯 매우 탄탄하게 느껴진다. 드레스 치맛자락을 뒤로 길게 끌고 아무 장식도 하지 않은 긴 머리를 휘날리며 신부는 군인이 행진하듯 바삐 걷고 있다.

소녀는 섬에서의 삶이 단조롭다고 여긴다. 섬을 떠나고 싶어 하는 소녀가 선택할 방법은 단 하나, 신부가 되는 것이다. 주변의 친구들 모두 신부가 되어 신랑과 함께 배를 타고 섬을 떠났던 것이다. 부모는 드레스 한 벌과, 노 한 자루를 주며 소녀의 선택을 지지한다. 이때부터 그림책은 소녀를 '신부'라고 명명하기 시작하며, 결혼 하사품(?)을 착장하고 새로운 인생을 향해 출발하는 장면이 바로 표지 그림이다.

그림들은 빨강, 노랑, 파랑, 초록의 원색들이 붓 자국을 남기며 계속하여 덧칠 표현되어 매우 강렬한 인상을 준다. 인물의 움직임이 강직하고 힘이 느껴지는 것도 이 때문이다. 게다가 왜곡된 비율과, 어울릴 것 같지 않은 사물들의 조합이 이질감을 주면서 살짝 기괴한 분위기까지 자아낸다. 표현주의 기법의 특성을 내포하고 있는 그림이다. 드레스를 입었지만 우아함과는 거리가 멀고, 신부라고 하지만 예전 동화 속 공주가 떠오르지 않는다. 이런 그림이 결연히 내뱉는 듯하다. '잃어버린 구두 따위 신경 쓰지 않아. 배를 함께 탈 신랑은 내가 선택할 거야!'라고.

배와 신랑을 찾기 위해 해변을 걷는 신부에게 남자들이 말한다. 노 하나로는 부족하다고. 가만 보니 선착장에 늘어선 배 안에 타고 있는 신부들은 모두 노를 두 개씩 들고 있다. 가진 조건이 부족하여 결혼 시장에서 내몰릴 판이다. 신부는 조건을 충족시켜 시장의 눈높이에 맞추는 대신 과감하게 해변의 배와 신랑을 포기한다. 조금 부족한 조건으로도 배를 탈 수 있는 산 중턱으로 방향을 틀고, 거기서 만난 대형 배 안엔 그러나 이미 수십 명의 신부가 승선 중이다. 남자는 신부가 가진 노 따위 관심 없다. 그는 다수의 신부를 원할 뿐이다. 독자적인 개성을 가진 유일무이한 신부로서의 자신을 인정하지 않는 남자의 말에 콧방귀를 뀌며 얼른 산 정상으로 향한다. 호화로운 유람선 한 대가 산꼭대기에 떡하니 얹혀 있다. 모두가 부러워할 거라며 승선을 종용하는 남자의 말을 등지고 신부는 산에서 내려온다. 글이 밝히지 않은 신부의 마음이 이렇지 않았을까. '저 배는 섬을 떠날 생각이 없어. 나를 호화로움 속에 가둬놓고 안주하게 하려는 거야!'라고.

세 번의 실패를 겪은 후 신부는 더 이상 배 구하는 일에 연연하지 않는다. 배를 구할 일이 없어졌으니 배를 소유한 남자, 즉 신랑을 선택하는 일도 의미가 없어졌다. 애초 섬에서 나갈 목적으로 배와 신랑이라는 구태의연한 방법을 선택하였을 뿐, 신부에게 결혼이나 신랑은 삶의 방향성에 크게 자리 잡고 있지 않았다. 모두가 다 하는 방법으로 저쪽의 조건에 온전히 응하면서까지 섬을 나갈 건 없다고 신부는 판단했으리라. 다른 사람의 발에도 맞는 내 신발을 온전히 내 것으로 알아봐 주지 않을 왕자에게 이제는 단호하게 말할 수 있으리라. '내 신발이니 가져갈게요. 안녕히 가세요.'라고.

섬에서 나갈 방법이 요원해진 신부는 시무룩하게 앉아만 있었을까. 배에 탈 일이 없어져 아무짝에도 쓸모없어진 '노'를 그림책은 그냥 놓아버리지 않는다. 신랑 찾기를 포기했지만 여전히 신부라는 이름으로 등장하는 소녀는 이제는 비루한 조건이 되어 버린 노를 가지고 섬에 잔류하는 방법을 생각한다. 역기처럼 들며 체력을 다지고, 간간이 산에서 내려오는 곰에 대응하는 격투 장비로 활용하는 동안 숨어 있던 운동 자질이 깨어나고 신부는 유명한 야구선수로 성장한다. 흰 드레스와 빨간 야구모자에 노를 들어 타구하는 신부의 그림이 역동적이면서도 매우 이질적으로 느껴져 웃음이 비죽비죽 비어져 나온다.

바다 건너까지 유명세를 날리던 신부는 세상 사람들의 요청으로 드디어 섬을 나갈 수 있게 된다. 그 누구의 기준에도 끼워 맞춰지려 애쓰지 않고, 자신이 가진 조건의 범위 내에서 마음껏 즐기고 노력하며 기량을 쌓은 대가이다. 탑승을 기다리는 비행기가 대기 중이고, 레드카펫이 탑승구까지 길게 이어진 길을 신부가 예의 그 흰 드레스를 길게 끌고 노를 당당하게 어깨에 걸머진 채 걷는다.

중반 이후부터 다소 유머러스하게 전개되는 이야기가 현실성이 떨어지고 극적 반전을 유도하기 위한 억지스러움으로 다가올 수 있지만, '드레스'와 '노'의 상징적 의미를 곱씹다 보면 이야기의 개연성이 훨씬 현실과 맞닿아 있다는 걸 깨닫는다. '흰 드레스'는 성인 혹은 독립으로 상징되고, '노'는 조건 혹은 역량으로 상징된다. 성인이 되어 독립하고자 하는 소녀의 열망이 부족함과 미진함의 여건에서 어떻게 자신의 고유성을 잃지 않으면서 당당하게 표현되고 이뤄가는지 잘 보여주고 있다.

도끼로 뒤꿈치를 잘라 억지로 유리 구두에 발을 끼워 넣으려 했던 신데렐라의 두 언니가 자기 신체를 유일무이하게 여기고 누구의 기준도 아닌 자기 삶을 살았다면, 아마 왕자와의 결혼보다 더 빛나는 인생이 펼쳐지지 않았을까.

『내일』

백혜영 글·그림 | 고래뱃속 | 2022

‘내일’에 기대어 ‘오늘’을 홀대하고 있다면 챙김받지 못한 수많은 ‘오늘’들이 만들어 낸 ‘내일’과 달게 마주할 수 있을까.

'오늘'의 정체성

(그림책: 『내일』)

곁눈질 없이 똑바로 앞만 보며 걷는다. 내디딘 발걸음이 계속해서 뒤로 넘어간다. 밀려난 발자국은 잠시 선명한 자국을 띠다가 이내 표면이 차오르면서 형태가 사라진다. 뚜렷한 발자국을 보고 싶어 더 힘 있게 땅을 딛는다. 육체의 무게와 디딤의 속도가 맞물려 만들어지는 여정의 흔적은, 그러나 단 한 번도 전체 모양을 확인할 수 없다. 걷다가 뒤돌아보면 사라지고 없다. 더 빨리 걸을수록 뒤에 남겨진 흔적도 같은 속도로 사라져 간다. 그렇다고 멈춰선 안 된다. 정체하고 한 자리에 고여있는 건 삶에 대한 모독이다. 전진만이 유일한 길이다. 더 나은 시간을 고대하기 위한 전방주시이다. 더 근사한 생의 자국을 찍기 위한 고군분투이다. 그런데 어째서 그 발자국은 내 눈으로 한 번도 확인할 수 없는 걸까.

곧게 뻗은 길 위를 사람들이 걷는다. 뒷모습만 보인 채 그들은 모두 한 방향을 향하고 있다. 주인공인 청록이(청록색으로 표현된 생물체)도 무리에 끼어 부지런히 걷는다. 그림책은 "매일 따라간다."라고 말한다. 그러나 따름을 의도하는 주체가 누구인지 그림책은 명확히 말하지 않는다. 그저 '녀석'이라고 할 뿐. 곱지 않은 호칭에서 다분히 불편한 심기가 느껴진다. 역시 뒷모습만 보이며 부지런히 앞서가는 노랑이(노란색으로 표현된 '무엇')가 '녀석'임에 분명하다. 그 모습을 흘겨보는 청록이의 얼굴이 유쾌하지 않다. 놓칠세라 허겁지겁 뒤쫓지만, 노랑이의 보폭 이상은 뛸 수 없어 늘 일정 거리가 유지된다. 그 이상 가까워질 수도 그 이상 멀어질 수도 없는 딱 그만큼의 거리가 청록이와 노랑이 사이에 진공상태처럼 존재한다.

청록이는 '녀석'인 노랑이의 정체가 궁금해 못 견딜 지경이다. 어떻게 생긴, 어떤 형상의 어떤 '것'인지 알고 싶어 안달이 난다. '녀석'에 대한 궁금증으로 따라가게 된 것인지, 따라가다 보니 '녀석'의 존재가 궁금해진 것인지, 그림책이 미처 말하지 않은 것들에 독자는 자꾸 신경이 쓰인다. 노랑이로 분한 '녀석'이 독자에게도 궁금증의 대상이 되어 버린다.

전문가의 지력을 빌리기로 한다. 그러나 과학자나 미래학자가 내놓은 '녀석'에 대한 의견은 청록이의 생각에 마뜩잖다. 초자연의 힘에 기대어보려 하지만 점술가의 이야기는 더욱 모호하다. 외려 "자꾸 알려고 하지 마."라고 언질을 준다. 이쯤이면 독자도

'녀석'을 '내일'로 바꾸어 말할 수 있게 된다. 바로 그림책 제목 '내일'이다.

싫든 좋든 지금이 밀려나면서 만들어지는 게 '내일'이다. 바로 다음 날이 '내일'이기도 하고, 장차 이루어질 무언가를 '내일'이라고 지칭하기도 한다. 여하튼 아직 당도하지 않은 어느 시점은 모두 '내일'이다. 그 '내일'은 아직 경험하지 않았기에 기대되기도 하지만, 어떤 것을 경험하게 될지 모르기에 불안하고 두렵다. 그래서 더욱 그 모습이 궁금하고 미리 알고 싶고, 그렇게라도 마음에 일말의 희망을 키우고, 불안을 최소화하고 싶다.

주변의 어떤 소리도 믿을 수 없다. 쫓고 있는 '녀석'이 어떤 모습으로 다가올 청록이의 '내일'일지 그 누구의 의견에도 동조할 수 없다. 그건 청록이가 꿈꾸던 '내일'이 아니기 때문이다. 그들이 말해주지 않는 청록이만의 이상적인 '내일'을 직접 보기 위해 미친 듯이 '녀석'을 쫓는다. 땅바닥에 발이 닿을 새도 없이 청록이는 거의 날 듯이 뛴다. 발자국은 땅에 남지 않을 것이 분명하다. 그러나 개의치 않는다. 청록이가 보고 싶은 건 '내일'에 당도하여 보게 될 하나의 발자국이면 충분할 터이다.

'내일'은 따라오는 것을 체념케 할 요량처럼 산으로, 계곡으로, 그리고 위험천만하게 흔들거리는 낡은 다리 위로 청록이를 이끈다. 마치 원대한 미래에 다가가기 위해 숱한 역경을 겪어야 한다는 통상의 발상처럼. 끝끝내 그 정체를 보여주지 않던 '내일'이 동굴 안으로 사라진다. 그러곤 그 어디에서도 찾아지지 않는다. 따라 들어간 청록이는 어둠 속에서 망연자실 멈춰 선다. '내일'을 놓쳐버린 불안은 꿈꾸던 '내일'을 만날 수 없게 되었다는 공포로 다가온다. 새까맣게 칠해진 양면펼침 안에서 무언가를 쫓다가 내팽개쳐진 모습으로 청록이가 뒹굴고 넘어진다. 이것으로 '내일'을 잃어버리고 더더군다나 '내일'의 발자국도 확인할 수 없다면.

어둠에 눈이 익은 청록이가 주섬주섬 사위를 살피기 시작한다. 보이지 않던 것들이 조금씩 눈에 들어오고 느끼지 못했던 감각이 점점 살아난다. 어둠을 빠져나와 고요한 세상의 언저리에 멈춰 선다. '내일'을 쫓느라 돌보지 못했던 생각들이 유연한 흐름을 타고 자연과 마주한다. 그러자 마음 깊숙한 곳에서 올라온 생각 하나가 반작하면서 작은 빛을 낸다. 순간 청록이는 잊었던 자신의 이름을 기억한다. 바로 '오늘'이다.

그림책에 나오진 않지만, 지금 멈춰 선 자리의 발자국을 들여다보는 청록이의 모습이 그려진다. 청록이로 분한 '오늘'이 비로소 자신의 정체성을 확인하는 순간이다. 지금이 밀려나면서 만들어지는 게 '내일'이 아니라, 잘 딛고 선 수많은 '오늘'들이 바로 '내일'이 되는 것이다. 오늘 발자국을 확인하지 않으면서 내일의 발자국이 더 근사할 것이라고 말할 수 없다.

앞으로 나아가는 것만이 미덕인 세상에서 이 그림책은 이의 제기한다. '지금'을 간과하면서 쫓고 있는 '내일'은 꿈에 그리던 이상적인 발자국을 보여줄 것인가. 주변을 살피고 어디쯤 와 있는지 가늠해 보는 여정이 탈 없는 여행길을 만든다. 인생도 그러하다고 생각한다. '내일'에 기대어 '오늘'을 홀대하고 있다면 챙김받지 못한 수많은 '오늘'들이 만들어 낸 '내일'과 달게 마주할 수 있을까.

작가는 '내일'을 따라가다가 우연히 만난 그림책과 함께 그동안 잊고 있던 '오늘'을 즐겁게 살고 있다고 적고 있다. 따라다니는 일과 중에 마음에 반작하는 무언가가 우연히 스친다면, 잠시 그 자리에 멈춰 서서 혹시 잊고 있었을지 모르는 '오늘'이라는 '귀둥이'를 찬찬히 훑어보기 바란다.

1) 관계: 그림책 『똑, 딱』

2) 듣기의 기술: 그림책 『남의 말을 듣는 건 어려워』

3) 사랑, 그 자상함에 대하여: 그림책 『코끼리와 나비』

4) 새로운 기억의 이름으로: 그림책 『기억의 풍선』

5) 삶에서 삶으로: 그림책 『할머니의 뜰에서』

6) 우정, 그 따사로움: 그림책 『햇살 같은 너를 기다리며』

7) 놀랍도록 가까운 우리: 그림책 『머무는 마음, 떠나는 마음』

3.
관계의 결

『똑, 딱』

에스텔 비용-스파뇰 글·그림 | 최혜진 역 | 여유당 | 2018

적절하게 타인으로부터 나를 분리시킬 수 있고, 타인과 연결되지 않고도 설명될 수 있는 내가 된다면, 그러한 관계 속의 나는 불안하지 않을 것이다.

관계

(그림책: 『똑, 딱』)

삶의 시작은 관계의 시작이라고도 볼 수 있다. 출생과 동시에 부모·자식 관계가 시작되고, 한 해 두 해 연령이 높아지면서 더 많은 관계의 일원으로 다양한 관계의 시작을 경험하게 된다. '관계'란 나를 벗어나 상대를 수용하고, 깊게는 생각과 감정까지도 공유하기 때문에 상당 부분 의존성의 성격을 띠게 된다. 지지하고 의지하는 한편, 혼자일 필요가 있을 때 혼자일 수 있다면 서로에 대한 의존성은 큰 문제가 되지 않는다. 하지만 나의 존재를 더 이상 나만으로 정의 내리기 어려워진다면, 세상이 나의 속성 안에 누군가를 포함하여 설명하려 든다면 이러한 의존성의 관계는 불행이 되어버린다.

의존성은 다른 말로 '상대에 의해 규정되는 나'로 설명할 수 있다. 평등한 두 주체가 만나 '관계'를 형성하고 지속하는 동안 이 세상의 중심이 점점 상대로 수렴되고 의미가 되어버리는 것이다. 상대가 없으면 나도 사라지는 그야말로 관계에 함몰되는 관계.

그림책 『똑, 딱』은 관계에 함몰될 뻔한 두 마리 새의 이야기를 들려준다. 아무리 생각해도 시계이거나 스냅단추 채우는 소리만이 연상되는 '똑, 딱'이 등장하는 두 마리 새의 이름인 것은 그림책을 읽는 내내 번역 작가의 뛰어난 재치라고 고개를 끄덕이게 된다. 시계 소리가 똑딱으로 연결되는 것처럼, 스냅단추가 암수가 맞물려 똑딱 채워지는 것처럼 두 마리 새의 밀착된 관계성을 상징적으로 나타내면서도 표기할 때는 사이에 쉼표를 넣어 독립적 개체임을 표현하고 있다. 관계의 속성을 이처럼 잘 드러내는 제목이 있을 수 있을까!

'똑'이와 '딱'이는 세상에 둘도 없는 친구이자 서로에게 가장 의미 있는 존재이다. 주변의 아름다운 꽃들과 푸르른 수목, 다른 동물들엔 채색을 허용하지 않는 그림에서 이는 더 부각되어 두드러진다. 오로지 똑이와 딱이만이 파란색과 하늘색으로 채색되어 등장한다. 이러한 견고한 관계성은 딱이가 똑이 아닌 다른 것에 의미를 부여하면서 와해되기 시작한다. 그렇다면 엄밀히 말해 관계에 함몰될 뻔한 주인공은 똑이 혼자인 것이다.

딱이는 똑이와의 시간 외에 재미를 느끼고 도전감을 불러일으키는 놀이를 발견하고는 심취하게 된다. 하늘을 나는 놀이, 이것이야말로 신나고 흥미롭고 자꾸 시도해 보고 싶어지게 만드는 딱이의 성취 욕구이자 목표이다. 한편, 똑이는 여느 때처럼 딱이와의 시간을 즐기고자 친구를 찾지만 있어야 할 곳에 있지 않은 어긋남에서 관계의 불안함을 감지한다. 다른 동물들에게 친구의 존재를 묻지만 돌아오는 대답은 똑이를 더 애타게 하고, "딱이 없는 똑이는 본 적 없어! 넌 누구야? 넌 누구냐고?"라고 되묻는 개미들의 물음에 처음으로 자신의 정체성에 대해 생각하게 된다. "딱이가 없어도 난 똑이라고!" 외치지만, 여전히 딱이가 없어 슬프고 허전한 똑이다.

탄탄한 관계 안에서든, 와해되어 관계가 사라지든 여전히 내가 나일 수 있고 나라는 인식을 가질 수 있다면, 상대의 부재로 인해 망연자실해지는 슬픔을 잘 다독일 수 있을 것이다. 적어도 의미를 부여할 대상이 세상에 유일무이하지 않음을 아는 것만으로도 슬픔은 반으로 줄어든다.

다행히 똑이도 딱이 외에 새로운 의미 세계를 찾게 된다. 딱이의 시야가 하늘로 향하고 비행하는 새들과 어울리듯, 똑이도 땅 위를 뚫고 나온 매력적인 식물에 시선을 돌리게 되고, 이 둘의 의미 세계는 다채로운 색감으로 표현된다. 똑이와 딱이는 친구의 또 다른 세상을 이해하고 수용하면서 관계를 더욱 잘 지속시킬 수 있다는 것을 알게 된다. 후반부에서 똑이가 식물에 물을 주고 딱이가 하늘을 나는 그림이 전반부에서처럼 두 주인공에게만 채색이 되어 있는 장면으로부터 우리는 그들의 서로 다른 관심사에도 불구하고 여전히 친구이며 그 관계성이 탄탄해졌음을 느끼게 된다.

적절하게 타인으로부터 나를 분리시킬 수 있고, 타인과 연결되지 않고도 설명될 수 있는 내가 된다면, 그러한 관계 속의 나는 불안하지 않을 것이다. 결국 건강한 관계란 상대를 구속, 속박하는 것이 아니라 자유롭게 놓아주는 것임을 이해하게 된다. 개개의 자유가 상대에 대한 신뢰와 의존도를 더욱 견고하게 만들어준다는 이 아이러니한 '관계'의 속성을 우리는 많은 관계들을 경험하고 시행착오를 겪으면서 서서히 깨닫게 될 수도 있을 것이다. 이 그림책은 그러한 깨달음을 미리 살짝 우리에게 귀띔해 주고 있는 것인지도 모른다.

『남의 말을 듣는 건 어려워』

마수드 가레바기 글·그림 | 이정은 역 | 풀빛 | 2024

남의 말을 듣는 건 어렵다. 그러나 내 말을 잘 '듣기' 한 성인의 모델링이 있어야 아이도 잘 '듣고' 싶어진다.

듣기의 기술

(그림책:『남의 말을 듣는 건 어려워』)

말하기와 듣기는 서로 연결된 영역이다. 말하는데 듣지 않을 수 없고, 듣지 않고 내 말만 할 수는 없기 때문이다. 독백이 아닌 이상 말이다. 말이 오가는 대화란 말하기와 듣기의 연속적인 진행 과정이다. 이때 상대의 말에 대한 반응과 피드백이 내 말이 되어 나오는데 이는 듣기를 전제로 한다. 즉, 대화란 말하기와 듣기의 순서 지키기이다. 물론 말하기로만 이루어지는 강의나, 듣기만 진행되는 상담도 있지만 어느 쪽이든 일방적인 말하기, 일방적인 듣기만으로 소통이 이루어지진 않는다. 말하기, 듣기는 사람과 사람 사이에 번갈아 가져야 할 대화자의 권리인 셈이다.

어린아이의 경우, 순서 지키기가 어렵다. 비단 사물 이용이나 공간 사용에 대한 줄서기, 차례 지키기뿐만 아니라 대화에서도 내 순서에 해당하는 말하기와 듣기를 이행하는 것이 좀처럼 쉽지 않다. 자기중심적 사고를 하기 때문으로 학자들은 그 이유를 대기도 하지만, 상대의 말을 주의 깊게 들을 정도의 집중력이 아직은 시간상으로 길지 않고, 하나의 주제에 대해 말하기, 듣기를 번갈아 가며 내용을 주고받을 만큼의 정신적 표상을 갖지 못하기 때문으로도 풀이할 수 있겠다. 무엇보다 대화하는 그 자체에 대한 경험 부족이 가장 큰 원인일 수 있다. 어린아이들은 모델링을 통해 성장한다. 사회적 기술을 익혀나간다.

우화의 형식을 띤 이 그림책에서 주인공인 어린 물총새는 우리의 아이들을 떠올리게 한다. 물고기 잡는 법을 가르쳐주는 아빠의 이야기를 귀담아듣지 않고 제 말만 떠들어대는 물총새. 생존에 필요한 반드시 익히고 터득해야 할 긴급한 기술이지만 어린 물총새에게는 지루하기만 하다. "네가 말을 하면, 남의 말을 들을 수 없어."라며 상대방의 말하기 순서를 빼앗지 않고 들을 것을 강조하고, "남의 말을 듣지 못하면, 배울 수도 없단다."라며 주의 깊게 들은 내용으로부터 정보를 얻는 방법을 이야기하지만, 물총새는 자신이 하고 싶은 말을 실컷 떠들어댈 수 있는 대상을 찾아 날아가 버린다. 어린 물총새는 흥미가 없는 주제에 대해서는 귀를 기울이고 들어야 할 필요성을 느끼지 못하며, 대화에서 갖춰야 할 인내력과 집중력이 아직은 부족하다.

앵무새 무리를 발견한 물총새. 숲이 떠나가라 수다를 떨고 있는 앵무새들은 가만히 들여다보면 대화가 아니라 각자 자기 말만

하고 있다. 그림책은 이 장면에서 각각의 앵무새가 떠들어 대는 말을 길게 '글자 줄'로 나열해 놓고 있다. 수십 마리의 앵무새와 그들의 입에서 나온 말들의 기다란 줄은 그러나, 단 한 줄도 서로 섞이지 않는다. 섞일 수 없을 만큼 그것은 서로 다른 주제와 내용의 말들이기 때문이다. 일방적인 '말하기'로 '듣기'의 순서가 사라진 이 대화(?)로 인해 숲에서 나는 여타의 소음은 묻혀 버린다. 사냥꾼들이 천천히 다가오는 소리조차도.

머리 위로 그물이 떨어지고 그 안에 갇히게 될 때까지 그들의 '말하기'는 계속된다. 어두운 상자에 갇혀 빛을 잃게 되어서야 급박한 상황에 처했음을 알게 되지만 너무 늦었다. 어딘가로 이동하여 다시 커다란 새장 안에 갇히게 된 앵무새 무리와 물총새. 곧 정신을 차린 물총새는 앵무새들과 탈출 방법에 대해 논의하려 하지만, 똑똑하기만 할 뿐 절대 남의 말을 들으려 하지 않는 앵무새들의 '말하기' 소음에 둘러싸여 좌절하고 만다. "새장 안에 있는 또 다른 새장에 갇힌 기분"이라고 글이 이야기하는 동안, 그림은 앵무새가 떠들어대는 말들로 철조망을 이룬 새장과 그 안에 갇힌 절망한 표정의 물총새를 그리고 있다.

탈출에의 희망을 잃은 물총새는 '말하기'를 그치고 조용히 침묵한다. 먹이를 주러 가끔씩 오는 사냥꾼과 종일 자기 말만 해대는 앵무새들이 세상의 전부가 되어 버린 새장 안에서 물총새가 할 수 있는 것이라곤 이 모든 소음을 묵묵히 듣는 일뿐이다. 그렇다! 물총새는 드디어 '듣기'를 할 수 있게 된 것이다! 앵무새가 쏟아낸 두서없는 말들이 거르지 않은 정보처럼 거친 문체로 도배되어 양면펼침 가득 그림으로 표현된다. 쏟아지는 말들 아래 골똘히 생각에 잠긴 물총새의 모습. 물총새는 앵무새들이 저마다 내놓은 말들의 홍수 속에서 중요한 정보들을 하나씩 포착하게 된다. "둥근 다이얼을 돌릴 때까지", "빨간 단추를 누르기", "손잡이를 내렸을 때", "기계의 왼쪽 부분" 등, 앵무새가 흘린 말들을 조합하고 누락된 부분은 더 주의 깊게 들으면서 드디어 새장을 탈출할 방법을 알아내게 된다.

'듣기'로부터 발견한 탈출 방법대로 새장 문이 열린다. 환호하며 외치는 물총새. 그러나 자기 '말하기'에만 급급한 앵무새들의 소리에 물총새의 환호는 묻히고 만다. 새장 문이 열린 것도, 밖으로 나가야 할 순간이라는 것도 모르는 앵무새들을 남긴 채 물총새는 드디어 밝은 세상으로 나온다. 집으로 돌아온 물총새는 걱정했던 엄마, 아빠를 향해 "남의 말 듣는 법을 배우고 왔어요!"라며 그간의 경험을 짧게, 그러나 의기양양하게 말한다.

앵무새들은 어떻게 되었을까? 그림책은 말하지 않는다. 독자의 해석으로 넘기는 편을 선택한다. 똑똑하고 말 잘하는 앵무새는 아는 것은 많지만 타인의 의견을 수용하지 않는 오만한 사람을 빗댄 표현이다. '듣기'가 부족한 사람이다. 애초에 대화에는 순서가 있다는 것조차 인정하지 않는다. 내 의견을 주지시키는 것이 대화의 목적이다. 여전히 이런 부류의 사람을 종종 마주한다. 학교에서, 직장에서. 때론 '가짜 듣기'를 하는 사람과의 대화로 당혹스러울 때도 있다. 귀 기울여 나의 '말하기'를 들어주는 것 같지만, 그들은 '듣기'를 반영한 '말하기'를 하지 않는다. 한결같이 자신의 '말하기'만을 고집한다. 앵무새와 같은 성인이 모델이 된다면, 우리 아이들의 결과 또한 그림책의 결말과 크게 다르지 않을 것이다. 그래서 이 그림책은 인간사회를 빗댄 우화라고 할 만하다.

아이들은 자기중심적 사고를 하고, 인내력과 집중력이 부족하고, 흥미 없는 주제엔 일절 관심을 두려 하지 않는다. 그렇다고 대화의 기술을 제대로 배우지 못하는 것은 아니다. 어린아이와 눈높이를 맞춰 대화 나눠 본 적이 있는가? 무릎을 구부려야 하는 수고스러움이 생긴다. 어린아이의 터무니없는 상상의 이야기를 끝까지 들어준 적이 있는가? 비논리적인 이야기를 들어야 하기에 집중력과 인내심이 필요하다. 이런 노력을 하는 성인과의 대화 경험이 아이들의 대화를 숙련시킨다. 내 말을 잘 '듣기' 한 성인의 모델링이 있어야 아이도 잘 '듣고' 싶어진다.

남의 말을 듣는 건 어렵다. 듣고 싶지 않고, 듣기 싫고, 듣기 귀찮다. 하지만 독단이라는 공격을 받지 않으려면 내 생각과 의견을 남의 말 '듣기'로 검증하는 과정이 필요하다. 귀엽고 착하기만 하던 아이가 사춘기가 되더니 말도 안 통하고 문 잠그고 제 방으로 사라져 버리면 자식 키워 뭐하나 허망해진다. 자녀의 독단적인 말과 행동을 탓하기 전에, 들어서 이해 안 되고 보아서 허용할 수 없을지라도 일단 잘 '듣기'를 권유해 본다. 이 그림책을 함께 읽으면 더 좋을 것이다.

『코끼리와 나비』

E. E. 커밍스 글, 린다 볼프스그루버 그림 | 김소정 역 | 브와포레(BOISFORET) | 2022

닫힌 문을 두드려 계단 아래 길을 보여 준 나비는 코끼리에겐 사랑 그 자체이다. 사랑은 존재를 변화시키고 나아가 삶을 변화시킨다.

사랑, 그 자상함에 대하여

(그림책: 『코끼리와 나비』)

서로 관련이 없어 보이는 두 동물이 등장하여 만남과 사랑을 이야기하는 이 그림책은 한 편의 우화 같다. 적지 않은 분량의 글은 짧은 동화처럼 읽히다가 서정적인 글귀들이 시처럼 읽히면서 마지막 문장 뒤엔 산문시로 느껴진다. 시처럼 쓰인 우화에서 코끼리와 나비가 은유하는 것이 무엇이며 아름다운 문장이 내포하는 의미는 무엇인지 여러 번 반복하여 읽게 되고 그러는 사이 생각은 점점 깊어진다.

"하루 종일 아무것도 하지 않는 코끼리가 있었어요."로 이야기는 시작된다. 구불구불한 오솔길을 지나야 도착할 수 있는 산꼭대기 작은 집에서 혼자 사는 데다, 코끼리는 산 아래로는 한 번도 내려가 본 적이 없다. 육지에서 몸집이 가장 크고 가족 단위로 서식하는 동물인데 작은 집에서 혼자 산다는 설정이 무언가 의문스럽다. 긴 코를 자유자재로 움직이며 물목욕을 즐기던 습성은 사라져 버린 것일까. 그저 창밖을 바라보는 것만이 코끼리의 유일한 행복이라니. 설핏 가족과 떨어져 혼자 사는 1인 가구를 연상케 한다. 작은 집은 빈곤을 상징하는 것일까. 종일 아무것도 하지 않는다는 것은 의욕을 잃어버렸다는 의미로 들린다. 그가 스스로 들어갔는지, 갇히게 되었는지 알 수 없는 작은 집 안에서 그나마 창을 통해 아직 세상과 단절되지는 않았다고 말하고 싶은 것일까.

이 그림책에서 코끼리 앞에 시종일관 따라붙는 "하루 종일 아무것도 하지 않는"이라는 관형구는 '아무 일도 일어나지 않는' 정지 상태의 일상을 의미한다. 험난한 산길을 올라 꼭대기 집까지 찾아올 이도 없을뿐더러 코끼리 스스로 문을 박차고 구불구불 곧지 않은 길을 내려갈 동기도 없다. 시간이 멈춘 듯한 똑같은 나날들이 이 고립무원의 공간 안에서 영원히 반복될 것만 같다.

여느 날처럼 '아무것도 하지 않는' 코끼리의 정지된 일상에 뜻밖의 사건이 발생한다. 무엇인가 산길을 올라오는 움직임이 목격되고, 이 고요한 파문으로 어쩔 줄 모르던 코끼리는 움직임의 주인공이 팔랑팔랑 날갯짓하는 나비임을 확인하고는 믿기지 않는다. 설마 내 집엘 오고 있는 것일까? 긴장되면서 설렌다. 이윽고 문 앞에 도착한 나비. 반갑고 기쁘지만 코끼리는 나비의 두드림에 어떤 반응도 할 수 없다.

그림책은 이 육중한 몸집의 동물이 지닌 섬세하고 여린 내면을, 방문객을 문 앞에 두고 선뜻 문을 열지도 그 어떤 대답도 하지 못하는 조심스러운 마음으로 표현한다. 몇 번의 두드림에야 겨우 떨리는 목소리로 '아무것도 하지 않는'이라는 예의 그 관형구를 빌어 자신을 밝히는 코끼리. 들어가도 되냐는 나비의 물음에 문을 열어 안으로 들이며 온몸에 행복감이 스미는 코끼리이다.

나비가 은유하는 것은 무엇일까. 지상의 어떤 험난한 길이라도 그 위를 날아서 가버리면 그만이다. 날개는 능력이자 미덕이다. 곧지 않은 길을 내려올 엄두가 안 나는 코끼리를 대신해 가뿐히 날아올라 그 앞에 다다를 수 있는 능력이면서, 코끼리로 하여금 외부인을 들여 세상과 소통하게 하고 마음을 열게 하는 미덕이다. 상대의 힘듦 앞에 기꺼이 자신의 여건을 내어놓을 수 있고, 위축된 일상에 따뜻한 숨을 불어넣어 삶의 동기로 채워줄 수 있는, 나비는 그런 용기와 친화력을 가진 존재이다.

코끼리와 나비가 집 안에서 대화를 나누고 있을 때 온 세상에 조용하고 촉촉하게 비가 내리기 시작한다. 그들은 어느 때보다 편안함과 행복감을 느끼며 서로에게 단비처럼 젖어 든다. 나비의 달콤하고 촉촉한 마음의 어루만짐은 조심스럽기만 하던 코끼리가 "날 조금은 사랑하니?"라고 용기 내어 물을 수 있게 한다. "아니, 나는 너를 아주 많이 사랑해."라는 나비의 대답이 코끼리를 더욱 자신감 있고, 자존감 높게 했음은 두말할 필요가 없으리라.

코끼리는 나비가 있어, 나비의 사랑에 힘입어 집 밖을 나설 용기를 얻게 되고, 한 번도 가 본 적 없는 산 아래를 내려가 보자는 제안을 먼저 하게 된다. 나비가 곁에서 팔랑거리며 인도하니 험난함으로 가려졌던 구불구불한 산길은 달콤한 꽃향기와 지저귀는 새들과 구름 한 점 없는 하늘로 그 풍경이 새롭게 감각된다. 그리고 비가 그친 숲이 온통 따뜻함으로 넘쳐나는 '봄'이라는 사실이 비로소 느껴진다.

나비와 함께하는 세상은 집 안에서 바라보던 창문 크기의 세상에 비할 바가 아니다. 적적하게 외로움으로 바라보던 무미건조한 세상에 견줄 바가 아니다. 코끼리는 어제까지의 자신은 과거에 놓아두고, 현재를 즐기면서 새롭게 미래를 살아갈 희망을 찾는다. "난 하루 종일 아무것도 하지 않았어. 하지만 이제는 구불구불한 오솔길을 따라 널 만나러 매일 내려오고 싶어." 나비의 작은 날갯짓으로 시작된 고요한 파문은 '아무것도 하지 않았던' 코끼리의 삶을 완전히 뒤바꿔 놓았다. 이것이 나비 효과(Butterfly Effect)라고 말한들, 누가 이의를 제기할 수 있으랴.

이 그림책은 미국의 시인 E. E. 커밍스(Edward Estlin Cummings, 1894-1962)가 쓴 단편 동화를 린다 볼프스그루버의 판화 그림으로 재탄생시킨 작품이다. 글의 배경으로 시인 자신이 오랫동안 딸을 만나지 못한 개인사가 있다. 추측건대 산꼭대기 작은 집의 코끼리는 시인 본인으로 늘 창밖을 바라보며 딸이 찾아오기를 기다렸던 자신의 이야기를 표현한 것이 아닌가 싶다. 시인이 딸을 만났는지, 혹은 만나지 못한 슬픔을 동화에서나마 행복한 결말로 승화시킨 것인지 확인할 수는 없다.

그림책은 "그렇게 코끼리와 나비는 오래오래 사랑했어요."로 끝을 맺는다. 단순하고 다소 상투적인 결말처럼 느껴질 수 있으나, 시인이 갈구하는 존재들 간의 관계성이 꾸밈없는 표현대로 솔직하게 전달된다. 코끼리 앞에 늘 따라붙던 '하루 종일 아무것도 하지 않는'이라는 어구는 코끼리의 위축된 삶의 방식을 나타낸다. 동시에 세상을 향한 거리두기와 소통의 욕구라는 이중성을 담고 있다. '아무것도 하지 않으니 건드리지 말라'거나, 혹은 '아무것도 하지 않으니 무언가 할 일을 달라'는 외침이다. 가둠과 갇힘의 경계가 모호해진 고립의 시·공간 속 자신을 가장 잘 대변할 수 있는 표현이지만 언젠가는 벗어버리고 싶은 꼬리표이기도 하다.

'무언가 할 일이 있는' 존재로 거듭난다면 더 이상 코끼리를 설명하는 관형구는 필요하지 않게 될 것이다. 닫힌 문을 두드려 계단 아래 길을 보여 준 나비는 그래서 코끼리에겐 사랑 그 자체이다. 사랑을 주고받는 관계를 시인은 이상적으로 보았다. 존재를 변화시키고 나아가 삶을 변화시키기 때문이다.

그림책을 읽는 방식에 정해진 규칙은 없다. 그림이 보여주고 글이 들려주는 대로 코끼리와 나비의 사랑 이야기라 생각해도 무방하다. 어릴 적 『여우와 두루미』를 읽으며 여우는 긴 호리병 속 음식을, 두루미는 얕은 그릇에 담긴 음식을 먹을 수 없다는 이해만으로도 충분히 내용을 즐길 수 있었다. 상대에 대한 배려라는 교훈이 개념화되지 않았어도 친구를 사귀는 데 이기적이지 않을 수 있었다.

그림책을 분석하며 읽기보다 감상하며 읽을 것을 제안한다. 어쩌면 이 그림책은 감상적 읽기를 통해 '사랑'의 소중함이 더 가치 있게 다가올 수도 있겠다. 쓰고 나니 정도를 넘어선 생각의 깊이였나 반성이 된다. 독자의 감상이 유독 궁금해지는 그림책이다.

『기억의 풍선』

제시 올리베로스 글, 다나 울프카테 그림 | 나린글 | 2019

잊혀간 것이 기억나지 않는다면, 더 이상 기억이라는 이름을 붙일 수 없다. 그래서 기억의 끝자락에 의지해서라도 옛일의 조각을 우리는 서랍 어딘가에 보관해 두고 있는 것이다.

새로운 기억의 이름으로

(그림책: 『기억의 풍선』)

서랍 속의 추억이라고들 한다. 잊혔다고 생각한 옛일들이 무언가를 찾으려 뒤집어 놓은 서랍 안 귀퉁이에서 발견되기도 하고, 훅하고 스치는 향내로 마음 깊은 곳 차곡차곡 닫아 둔 서랍을 열어젖히게도 한다. 거기엔 잠시 잊은 듯했지만 꺼내 놓는 순간, 팝업 북처럼 펼쳐져 우리의 오감을 그 시간, 그 장소로 인도하는 마법의 단서들이 담겨 있다. 인간에게 기억이라는 능력이 허용되는 한 영원히 유효할 단서들이다.

추억이 서랍 속에 담겨 있어야 하는 걸 작가는 탐탁하게 여기지 않았던 듯싶다. 혼자만 꺼내 보고 향유하는 추억에서 그 시간, 그 장소에 있었던 사람들과 함께 공유하고 기억하는 '이야기'들로 들추어내고자 한다. '풍선'이라는 물상이 그 매개체이다. 사람에게 저마다의 서사는 몇 개부터 수십, 수백, 아니 수천 개의 이야기들로 구성된다. 그 이야기들 하나하나가 색색이 풍선으로 서사의 주인공이 소유하고 있는 기억들이고, 같은 기억을 가지고 있는 사람들끼리는 같은 색의 풍선을 나눠 가지게 된다.

그림책의 주인공인 '나'는 다섯 개의 풍선을 가지고 있고, 동생은 그보다 적은 두 개를 가지고 있다. 엄마와 아빠는 훨씬 많은 색색의 풍선을 손에 쥐고 있다. 그리고 할아버지는 그보다 더 많은 색깔의 풍선들과 다양한 이야기들을 지닌 서사적 인물이다. 같은 색깔의 풍선들을 나눠 가진 것으로 미루어 가족들 간 다수의 기억을 공유하고 있음을 알 수 있다.

할아버지 머리 위에 둥둥 떠 있는 풍선들 중 노란색을 손으로 가리키며 아이는 어떤 이야기가 담겨 있는지 묻는다. 서랍을 열어야 하는 수고로움 없이 추억은 늘 그 사람 언저리를 떠돌며 궁금해하는 이에게 아름다운 이야기를 펼쳐 놓는다. 손자는 그렇게 할아버지의 추억들을 풍선 색깔만큼이나 다채롭고 신비스러우며 여름밤의 별빛처럼 고요한 이야기로 전해 듣는다. 파란색 풍선 속에 담긴 강아지 잭에 대한 이야기로 한바탕 웃고, 보라색 풍선에 대해선 꿈을 꾸듯 미소를 짓는 할아버지를 바라보며 결혼식 올리던 날의 이야기에 귀를 기울인다. 할아버지와 낚시를 갔던 날의 추억은 너무나도 소중하여 잊고 싶지 않다. 반짝반짝 빛나는 은색의 풍선으로 할아버지와 함께 언제까지고 나눠 갖고 싶다.

우리의 기억이 영원하다면… 아마 수천 개의 풍선들이 그 가벼움에도 불구하고 켜켜이 쌓인 공기의 질량으로 우리의 삶을 압도하게 될지도 모른다. 그래서일까. 때론 망각이 삶과 사람 사이의 관계를 전환하고 새롭게 재배치할 수 있도록 구원한다. 추한 것과 아름다운 것의 선별 작업은 망각에 속해 있지 않다. 그 무심함이 우리를 숨 고르도록 한다. 그러면서 슬픔의 한숨을 나직이 내뱉게 하는 것 또한 망각이다. 잊혀간 것이 기억나지 않는다면, 더 이상 기억이라는 이름을 붙일 수 없다. 그래서 기억의 끝자락에 의지해서라도 옛일의 조각을 우리는 서랍 어딘가에 보관해 두고 있는 것이다. 그 시간, 그 장소로 데려다줄 마법의 단서를 결코 잃어버리고 싶지 않다.

할아버지는 언젠가부터 풍선을 하나둘씩 놓치게 된다. 꼭 붙들어 매 두려는 노력도 하지 않는다. 아이는 잃어버린 풍선들만큼 사라져 버린 할아버지 이야기들이 안타깝고 속상하다. 끝내 가장 소중히 여기는 은색의 풍선마저 속절없이 놓아버렸을 때, 아이는 절규한다. "왜 그 풍선을 날아가게 놔뒀어요? 그건 할아버지와 저의 풍선이잖아요!" 아이는 이제 더 이상 행복했던 낚시 추억을 할아버지와 함께 나눌 수 없는 것이 서글프다. 그 밤, 그 강둑으로 데려다줄 마법의 풍선을 잃어버리고 싶지 않은 것이다.

이 그림책은 노인성 치매라는 현실적 고통을 그림책이라는 친근한 매체를 통해 완곡하게 전달하고 있다. 사람이 소유하고 있는 기억을 풍선이라는 이미지로 시각화하고 그것이 사라져 가는 과정을 시시각각 보여준다. 물론 현실은 그림에서 풍선 몇 개 사라지는 정도로 슬프도록 아름답지만은 않다. 고통이고 처절한 생존의 사투이다. 가족들에게는 사라지는 기억을 견뎌야 하는 아픔이고 망각의 다리를 건너는 것을 지켜보아야 하는 슬픔이다. 기억을 잃어가는 사람보다 그 기억을 함께 나누었던 사람들의 고통이 더 크다. 나의 기억 안에 '너'는 여전히 살아 있는데, '너'의 기억 안엔 내가 이제 없음으로 해서.

아이의 손에는 이전 다섯 개보다 더 많은 수의 풍선이 쥐어져 있다. 할아버지가 들려주었던 노랑, 파랑, 보라색 풍선 속 이야기들이 고스란히 넘어와 아이의 기억을 이루고 있다. 할아버지가 놓아버린 기억이 그것을 기억해 주는 손자의 기억 속으로 들어와 전수되고 있는 것이다. 아이는 이제 할아버지 무릎 위에 앉아 풍선 속 이야기들을 처음부터 하나하나 시작한다. 마치 기억들을 다시 할아버지에게 심어주기라도 하려는 듯이.

이 그림책의 발상은 그림을 보는 내내 따뜻한 울컥거림으로 목을 아리게 한다. 그러면서 서랍 속 낡고 빛바랜 추억 한 장을 꺼내어 누군가와 나누고 싶은 마음이 들도록 한다. 팝업 북의 저쪽 면을 집어 함께 펼칠 수 있는 사람이라면 더 좋을 것이다. 기억이 스멀스멀 이름을 잃어버릴 때쯤, 이 마법의 단서를 가진 그 사람이 내게 들려주는 이야기는 새로운 기억의 이름으로 나의 눈빛을 형형하게 할 것이다. 이 그림책을 읽는 독자들의 삶 또한 그러하다면 좋겠다.

『할머니의 뜰에서』

조던 스콧 글, 시드니 스미스 그림 | 김지은 역 | 책읽는곰 | 2023

애초에 함께할 수 있는 물리적 시간이 많지 않아 더욱 애틋한 조손 관계, 그 사랑의 실체를 우리는 어린 시절 경험하고는 장기간 잊고 지낸다.

삶에서 삶으로

(그림책: 『할머니의 뜰에서』)

무릎을 구부리지 못해 바닥에 털썩 주저앉은 채 할머니는 낫을 들어 부추의 밑동을 한 움큼씩 잘라 내셨다. 할머니의 앞과 오른쪽, 왼쪽에 돋아난 파릇한 줄기들이 할머니의 손아귀에서 세로로 잠시 출렁거리다 얌전히 잘린 후, 가로로 길게 눕혀졌다. 농가 뒤 손바닥만 한, 아니 손바닥보다 더 작은 텃밭 속 할머니는 풍성한 치마를 다 여미지 못해서인지 앉은 뒷모습이 우람하게 느껴지기까지 했다. '여전히 우리 할머니는 정정하셔'라고 믿고 싶은 풍채였다. 며칠 뒤 들려온 병환 소식이 도무지 믿기지 않을 정도로. 사 들고 온 딸기는 오히려 먹고 가라며 밀쳐둔 채 오랜만에 만난 손주들 뭐라도 챙겨 보내려 텃밭으로 우선 나가시던 할머니. 내 기억 속 건강하시던 할머니의 마지막 모습이다.

백발 머리에 단정하게 두건을 동여맨 할머니와 노란 점퍼의 소년이 손을 잡고 녹색의 짙은 수풀을 걷고 있다. 녹색의 숲과 노랑 점퍼, 그리고 표지의 오른편을 차지하는 빨강의 꽃까지 강렬한 원색의 색감이 맑고 쾌청한 5월의 어느 한낮을 연상케 한다. 하얀색 글자의 제목이 햇빛을 받은 듯 눈부시다.

그림책 『할머니의 뜰에서』는 표지에서부터 잔잔히 서사가 흐른다. 독자가 누구이건, 현재의 할머니를 혹은 유년 시절의 할머니를 떠올리게 하면서 자연과 식물, 열매와 결실이 연관되는 추억을 가만히 불러들이게 한다. 온갖 식물이 자라는 '할머니의 뜰'은 화수분 같은 할머니의 마음과도 연결된다. 그래서 '뜰'이나 '텃밭'의 추억이 없는 독자에게도 이 그림책에 담긴 이야기가 진정성 있게 전달된다.

소년의 목소리로 이야기는 전개된다. 매일 아침 할머니 집에서 아침을 먹고 함께 등하교하는 소년의 일상을 통해 할머니의 삶이 드러난다. 고속도로 옆, 유황 광산 뒤, 양계장을 고쳐 지은 오두막이 할머니의 거처이며 그 뒤로 조그만 텃밭을 가꾸고 있다. 끔찍한 전쟁을 겪었으며, 현재의 국가로 이주한 이민자로서의 할머니의 삶이 손자인 소년의 시선으로 그려지고, 이야기로 서술된다. 소년의 어조는 담담하고 미사여구가 없지만, 할머니와의 깊은 유대가 느껴지기에 충분하다.

소년과 할머니는 언어로 소통하기보다는 표정과 행위로 서로를 이해하고, 함께하는 공간의 흐름 안에서 마음을 읽어 나간다.

실상 이민자인 할머니는 언어가 서툴고 소년과 의미 있는 대화를 나누기 어렵다. 하지만 할머니가 보여주는 비언어적인 표현은 몸이 기억할 정도로 소년에게 깊이 각인된다. 굶주림의 아픈 기억이 헤엄쳐도 될 만큼 커다란 그릇에 음식을 담고, 소년이 흘린 음식을 재빨리 주워 들어 입을 맞추고는 다시 그릇에 넣어주는 행위로 표현된다. 작은 집 안 곳곳에 들어찬 채소와 과일, 노래를 흥얼거리며 요리하거나, 음식을 먹는 손자를 가만히 지켜보는 모습은 이전의 비참한 삶을 견뎌낸 데 대한 감사함과 경건함, 현재의 삶에 대한 축복이자 행복의 표현이다. 집의 공간과 행위로부터 풍기는 할머니의 역사를 소년은 기특하게도 알아채고 수긍하려 한다. 무릇 소년의 역사가 할머니로부터 비롯되고 있음을, 이야기는 애정 돈독한 조손 관계로서 독자를 설득한다.

비가 내리는 날, 할머니의 모습은 좀 더 이목을 끈다. 거리를 찬찬히 살피며 지렁이를 찾고, 준비해 온 유리병에 잘 담아둔다. 텃밭에 무릎을 꿇고 앉아 병에 담아 온 지렁이를 땅에 놓아주는 동작은 소년에게 호기심 이상의 기이한 행동으로 여겨진다. 소년의 물음에 할머니는 말로는 형언할 수 없는 이야기를 손가락으로 가만가만 소년의 손바닥에 새겨진 손금을 만지는 것으로 대신한다. 할머니가 경험했던 삶의 순간이 손과 손으로 전달되는 순간이다. 할머니의 역사는 그대로 손자에게 전수되어 지금의 행위가 의미하는 것이 무엇인지 선험적으로 이해하도록 한다. 할머니와 손자는 의식을 치르듯 식물 앞에 무릎을 꿇고 앉아 지렁이를 내려놓고 흙으로 덮어주는 동작을 이어간다. 한때 무수한 생명을 잃었던 역사의 실수를 참회하고 상쇄하기라도 하려는 듯이. 짙푸른 녹음 속 두 눈을 감고 공손히 앉은 할머니와 소년의 모습은 지렁이를 흙으로 보내어 이로부터 생명의 잉태를 염원하는 기도자처럼 느껴진다. 이때 그림은 이들 머리 위로 한 줄기 단비를 뿌리는 것을 잊지 않는다.

시간은 추억을 뒤로 넘기면서 앞으로 질주한다. 그동안 집은 도시화로 사라지고, 운신이 어려워진 할머니는 소년의 집으로 거처를 옮긴다. 할머니를 챙기고 보살피는 일은 소년의 몫이다. 할머니가 소년의 아침을 챙겼듯 소년은 아침마다 할머니의 아침을 챙긴다. 침대 발치에서 수발을 들던 소년이 할머니가 떨어뜨린 사과 한 쪽을 얼른 주워 입을 맞추고는 다시 그릇에 넣어주는 장면은 눈시울을 붉게 한다. 그림 속 할머니의 미소가 인자하다.

할머니가 보여준 생명에의 열정을 손자는 기억하고 있다. 그리고 보여주고 싶어 한다. 하루 종일 침대에 누워있는 할머니에게 삶의 여정이 지속되고 있음을, 할머니의 역사가 아직 끝난 것이 아님을 알려주려 한다. 창밖으로 주룩주룩 내리는 비를 바라보던 소년은 몸이 기억하는 할머니 삶의 한순간을 재현한다. 빗속으로 뛰어들어 주울 수 있는 모든 지렁이를 다 주워 담는 소년. 그런 손자의 모습을 바라보는 할머니의 옆모습이 섬광처럼 빛이 난다.

쏟아지는 빗줄기 한가운데 서서 할머니를 향해 손을 흔드는 소년에게서 할머니가 견뎌온 삶의 결실이 축복처럼 반짝인다.

할머니를 기억한다. 업혔을 때 세상 전부였던 그 따스한 등을, 토닥이며 재워주셨던 그 투박한 손마디를. 병환 소식 이후, 1년여간의 투병 후 할머니는 세상과 작별하셨다. 혼수상태인 할머니의 손을 하염없이 쓰다듬으며 손녀를 알아봐 주기를 소망하던 기억…. 할머니 삶의 장면들이 내게도 전수되고 있음을 살아가면서 느낀다. 그리고 할머니의 역사를 이어가는 내 삶의 곳곳들을 실감한다. 애초에 함께할 수 있는 물리적 시간이 많지 않아 더욱 애틋한 조손 관계. 그 사랑의 실체를 우리는 어린 시절 경험하고는 장기간 잊고 지낸다. 오늘처럼 문득 꺼내든 그림책 이야기에 사로잡히기 전까지는.

이 그림책은 표지 위로 재킷을 입고 있다. 할머니와 손자가 함께 걷고 있는 그림을 감상하였다면, 슬쩍 재킷을 벗겨 진짜 표지를 만나보길 권한다. 단정한 모습의 할머니와 그런 할머니를 추억하는 손자의 모습이 각각 앞과 뒤표지에 그려져 있다.

독자의 할머니는 어떤 분이었는가. 모든 할 일을 뒤로하고 할머니를 추억하는 사사로움에 젖어보길 권한다.

『햇살 같은 너를 기다리며』

빅터 D. O. 산토스 글, 안나 마르그레테 셰르고르 그림 | 윤영 역 | 그린북 | 2025

친구가 필요한 건 아이만이 아니다. 어른인 아빠, 엄마도 함께 일할 동료가 필요하고 마음을 나눌 친구가 있어야 하며 도움을 주고받을 이웃이 힘이 된다.

우정, 그 따사로움

(그림책: 『햇살 같은 너를 기다리며』)

아이들은 관계를 갈망한다. 생애 처음 맺는 부모와의 애착은 관계의 기본이다. 그러나 부모는 종종 수직적 관계로 다가오기 때문에 아이들은 커가면서 보다 동등하고 평등한 관계를 지향하게 된다. 비밀을 공유하고 모험을 감행하며 그 안에서 돈독한 감정을 다져가는 또래야말로 아이가 맺는 관계 중 가장 편안하고 즐거운 관계일 것이다. 그리고 때로 아이들은 또래와 있을 때 더욱 안전하고 행복하다고 느낀다.

'외국에서 온 아이'인 '페드로'는 친구를 사귀는 것이 어렵다. 누구도 페드로의 친구 되기를 원하지 않기 때문이다. 피부색이 다르고 말이 어눌하기 때문일까. 하지만 학교 복도에 무리 지어 서 있거나, 오가는 아이들의 모습은 페드로와 크게 다르지 않다. 오히려 다양한 피부색과 머리색, 독특한 머리 모양의 아이들이 대부분이어서 페드로가 눈에 더 잘 띄는 것도 아니다. 친구 한 명이 더 생기는 것에 관심이 없거나, 굳이 사귀어야 할 필요를 못 느끼는 것이리라 추측해 본다. 이미 정도의 친구를 가지고 있으며 그 관계 안에 새로운 아이 들이기를 굳이 생각해 보지 않는 것이리라.

아이들은 다양성에 훨씬 더 열려 있다. 다양성의 의미가 무색하게 그들의 사고는 무지개색으로 펼쳐져 있곤 한다. '다름'은 일상적이며 편견 가지기가 되려 고민스러울 정도이다. 그래서 "외국에서 온 아이라는 사실 때문에 어떤 아이도 친구가 되어 주려고 하지 않았다."라는 글과 이 글을 표현한 그림은 서로 다른 말을 하고 있는 것처럼 느껴진다. 비록 페드로가 중심부에 오도카니 서서 곁눈질로 아이들을 살피고, 한두 아이가 그런 페드로를 흘깃 쳐다보고는 있지만, 따돌렸거나 일부러 혼자이게 만들려는 의도는 찾아지지 않는다. 그럼에도 페드로에게는 친구가 없다. 아직 사귀기 전이라고 독자는 믿고 싶어진다.

페드로의 외로움 뒷면에는 더 나은 삶을 위해 타국으로 이주한 부모가 있다. 어린아이가 부모를 따라 이민 가면서 정든 고향과 친지, 모국어를 등져야 한다는 사실이, 오래지 않은 삶이라 해서 덜 아픈 것은 아니다. 친구를 두고 떠나면서 그와 같은 돈독한 관계가 새롭게 다가올는지 기약 없는 아이는 마냥 친구가 아쉽고 그립기만 하다. 친구의 축하 없이 맞아야 하는 이번 여덟 살 생일이 더없이 쓸쓸한 이유이다. 페드로는 생일 선물로 친구를 간절히 원한다. 학교에서 친구 사귀기를 체념한 페드로가 발견한 대체 친구는 장난감 가게에 진열된 로봇이다. 또래 아이의 얼굴을 한 로봇에게서 페드로는 친밀감을 느끼며 말을 걸고 대화를 나눌 기대를 갖는다. 그리고 마음을 나눌 희망을 품는다.

이주노동자로 삶이 여유롭지 않은 부모는 페드로의 생일 선물, 아니 친구를 사주기 위해 더 많은 일을 해야만 한다. 고된 노동으로 여위어가는 아빠의 피로한 얼굴 한편으로, 로봇을 사기 위해 마련한 작은 항아리에는 돈이 제법 쌓여간다. 그렇게 생일이 내일로 다가오고 드디어 로봇을 살 수 있게 된 날, "페드로는 현관문을 열자마자, 눈앞에 펼쳐진 집 안 광경에 깜짝 놀랐어요."라고 글이 안타깝게 전달한다.

편견에 즉각적으로 반응하는 어른들이 능동성을 발휘하면 '다름'을 '잘못'으로 덮어씌운다. 페드로의 집을 엉망으로 만들고 항아리의 돈을 훔쳐 갔으며, 벽에 이민자에 대한 혐오 글을 남기는 방식으로 말이다. 격앙되어 꿈틀거리는 벽 글씨에 페드로는 혼란과 불안을 느끼고, 그런 아이에게 아빠는 "이민자가 되는 게 잘못된 일은 아니야."라며 그릇된 생각을 가진 어른들의 난폭한 행동에 차분함으로 대응한다. 몸을 움츠리고 아내와 아이를 끌어안은 가장의 눈빛이 어수선한 방 안의 모습처럼 방향을 잃고 머뭇거리다 상심에 기운다.

친구가 필요한 건 아이만이 아니다. 어른인 아빠, 엄마도 함께 일할 동료가 필요하고 마음을 나눌 친구가 있어야 하며 도움을 주고받을 이웃이 힘이 된다. 그러기 위해선 사회의 일원으로 받아들여지는 게 먼저일 텐데, '이민자'라는 낙인이 가족의 삶에 커다란 걸림돌이 되면서 모든 관계를 부정당한다. 페드로의 어려움은 가족 모두가 겪고 있는 어려움이었다. 앞서 페드로가 친구 사귀기가 어려운 것이지, 아이들이 페드로를 거부한 것이 아니라는 해석은, 미성숙한 어른들의 광폭한 난동에 맞서 페드로 가족이 타국에서의 고단한 삶을 이어갈 한 줄기 희망으로 아이들의 열린 받아들임을 포착하고 그것에 기대어 볼 만하다고 생각했기 때문이다.

그림책은 페드로가 드디어 친구를 찾고 행복한 또래 관계를 맺는 것으로 결말짓는다. 아빠, 엄마 역시 친구의 부모와 좋은 이웃 관계가 되었으므로 두말할 나위 없는 해피엔딩이다. 한 가지 아쉬운 건, '킴'이라는 이름의 동갑내기 친구가 동양인으로 여겨진다는 점이다. 브라질에서 온 페드로의 갈색 피부보다 한결 밝은 황토색 피부와 생김새, 그리고 이름에서 유추해 볼 때 그러하다. 이 그림책 저 너머, 또 다른 그림책에선 '킴의 친구 찾기' 이야기가 그려지고 있지 않았을까 상상해 본다. 어찌 되었든 페드로와 킴은 기다리던 친구를 만났고 서로에게 '햇살 같은' 존재로 오래오래 정다울 것이다.

'이민자의 아이는 이민자의 아이와 친구가 된다'는 설정을 통해, 작가는 이민자가 정착민에게 수용되고 그들의 아이와 자연스럽게 교우관계를 형성한다는 억지스러움으로 이야기를 동화처럼 미화하고 싶지 않았음을 은근히 드러내는 듯하다. 어쩌면 브라질에서 태어나 미국으로 이민한 작가 빅터 산토스의 자전적 이야기일 수도 있으리라. 삶의 매 국면이 동화 같을 수는 없겠으나, 동화의 행복한 결말과 비슷하게 닮을 가능성은 열려 있다. 이 그림책의 결말처럼 말이다.

『머무는 마음, 떠나는 마음』

티아 루 글·그림 | 공민희 역 | 아름다운사람들 | 2023

나의 눈과 귀가 세상을 향해 열려 있다면, 들려오는 그들의 목소리에 고개를 들고 얼굴을 마주하게 될 것이다. 놀랍도록 가까워진 우리, 삶은 이 순간 잠시 외로워하기를 멈춘다.

놀랍도록 가까운 우리

(그림책: 『머무는 마음, 떠나는 마음』)

머문 자리가 안온하여 오래오래 정착하고 싶다. 친숙한 얼굴들을 마주하며 예견된 일상을 누리고 급박하지 않은 감정을 유지하고 싶다. 매일의 평화로움이 일생의 계획표 안에 차곡차곡 채워져 가면서 이대로의 삶이 나쁘지 않다고 자족한다.

새로운 경험과 도전에 대한 열망으로 늘 가슴이 끓는다. 낯선 곳에서 접하는 생경한 풍경은 약간의 긴장을 뒤로한 채 신비로움으로 다가오면서 한껏 마음을 부풀게 한다. 열린 가슴으로 세상을 가득 품도록 하는 방랑의 나날들이야말로 삶을 더없이 풍요롭게 한다고 생각한다. 우리는 어느 삶에 속해 있는가.

'댄'을 설명하는 집 한 채, '아키'를 설명하는 보트 한 척이 각각 왼쪽과 오른쪽 면을 차지하면서 이야기가 시작된다. 댄과 아키는 이렇게 표상을 앞세워 간접적으로 등장한다. 첫 장면에서 이들의 삶은 확연히 두 방향으로 분류된다. 대지를 표현하는 갈색의 배경과 하단에 붙박이듯 고정된 노란색의 집. 바다를 표현하는 남색의 배경과 계속하여 전진하고 있는 파란색의 보트. 그리고 그들의 삶을 대변하는 글 “머무는”과 “떠나는”이 각각 적혀 있다. 아마 원작에는 “Here”, “There”라고 쓰여 있을 것이다. 이 그림책의 원제목이기도 하므로.

얼굴을 드러내며 자신의 삶을 나직이 서술하는 댄과 아키. 바닷가 작은 마을의 카페 주인인 댄은 그곳에 깊이 뿌리내린 채 머무르는 삶을 이어가고 있다. 손님을 맞이하는 일을 천직으로 생각하는 이 성실한 남자는 정해진 구역 안에서의 일상을 반복하며 소속감과 유대감이라는 감정을 소중히 여긴다. 한편 늘 어딘가를 향하는 아키는 보트를 거주지 삼아 파도의 출렁임처럼 표류하는 삶을 살아가고 있다. 어느 한 곳에 닻을 붙들어 매어두지 않는 이 역마살 가득한 남자는 여행에서 오는 다채로운 경험을 삶의 소재로 엮어 나간다.

자기 삶에 더없이 만족하는 댄과 아키. 그림책은 이 두 남자의 삶을 왼쪽 면과 오른쪽 면으로 각각 지면을 나누어 표현한다. 완전히 반대되는 두 삶의 전개는 이분법의 표현 방식으로 더욱 극명하게 나뉘면서 어느 순간 독자가 자신이 선호하는 삶의 그림 속으로 슬며시 젖어들도록 한다. 그러나 우리 삶이 꺾임 없이 늘 일직선만을 달리던가. 삶의 평행선을 달리며 평생 만날 수 없을 것 같던 댄과 아키는 철로가 교차로에서 서로 꺾이고 만나듯 조우한다. 이분법처럼 나뉘던 삶의 방식이 양면 가득 하나의 그림으로 표현되면서 그들 감정이 교차했음을 알린다. 대지와 하늘과 바다가 어우러진 한 폭의 그림이 이를 대변한다. 그리고 글은 이렇게 읊는다. “그들은 세상과 멀리 떨어진 기분이 들어요.” 기실 만족스럽던 그들의 삶에도 빈틈은 존재한다. 댄이 가지는 세상에 대한 궁금증과 아키가 느끼는 홀로 있는 외로움이라는 틈으로 말이다.

접점이 없을 것 같은 개별적 삶들 간에도 익명의 교차와 감정의 교집합은 일어난다. 세상을 경계하는 고집스러움이 아니라면 그들 삶의 늘 어느 한 면은 열려 있는 상태일 것이기 때문이다. 붙박이 댄이 “난 여기 있을 테니 언제나 들러.”라고 말하거나 떠돌이 아키가 “있잖아, 내가 그리로 갈게!”라고 말하는 것처럼, 정육면체 삶의 한 면은 세상을 향해 열어둔 채 나머지 다섯 면으로 삶의 바퀴를 굴려 나가고 있는 것이다(삶의 바퀴는 원형이 아니어서 굴리기 힘든 것이다). 일면식도 없는 이들의 만남은 놀랍도록 가까운 곳에 서로가 존재할 수 있음을 나타낸다.

손님이 오길 기다리는 댄의 마음엔 객으로부터 먼 곳의 이야기를 듣고자 하는 갈망이 잠재되어 있다. 떠돌다 들른 어부의 집에서의 하룻밤은 부드럽고 따뜻한 이불이 아키의 방랑을 포근히 잠재운다. 이렇듯 이들 삶은 채워지지 않은 여백으로 인해 더욱 인간적이다. 완벽하지 않아서, 완벽하다고 고집을 부리지 않아서 더 마음이 쓰이고 경험에서 우러나오는 위안 한 토막쯤 얹어주고 싶다.

댄과 아키는 위안을 서로에게서 찾게 된다. 우연인 것 같지만, 우연이라고 단정지을 수만은 없는 그들의 삶의 방식에서 연루한 잔잔한 인연이다. 펼쳐진 인생의 카펫, 어느 한 문양을 함께 직조하는 순간이라고 하면 적절할까. 그들이 소중히 간직한 사진 한 장에서 아키와 댄은 여러 명의 사람들과 함께 어울리고 있다. 댄은 카페 주인으로 음식과 음료를 나눠주는 모습으로, 아키는 먼 세상의 이야기를 들려주며 손님들에 섞여 있는 모습으로. 공감의 정서로 잠시 교차하였었던 댄과 아키는 삶의 일변도로를 걷다가 그림책 마지막 장에서 이렇게 얼굴을 마주한다. 이 모습을 그림책은 4면의 펼침면을 할애하여 긴 식탁과 주위의 활기찬 사람들로 그려 넣고 있다. "그런 순간에, 그들은 세상과 아주 가까워진 기분이 들어요."라는 따뜻한 글과 함께.

삶은 외로운 거라고들 한다. 방향과 방식이 다르기 때문이라고 이유를 대어본다. 방향과 방식이 같다고 한들, 감정과 대응이 다를 터이니 역시 외로운 삶이다. 인적 없는 오솔길을 혼자 걷는 것 같은 삶이지만 마주 오는 이와 뒤따라오는 이를 한 번이라도 일견하지 않을 수 없고 잠시 멈추어 서지 않을 수 없을 것이다. 이때 나의 눈과 귀가 세상을 향해 열려 있다면, 들려오는 그들의 목소리에 고개를 들고 얼굴을 마주하게 될 것이다. 놀랍도록 가까워진 우리, 삶은 이 순간 잠시 외로워하기를 멈춘다.

우직하게 자신의 삶을 이어가고 있는 당신, 오늘은 눈과 귀를 세상 쪽으로 열어두고 가깝게 다가오는 누군가와 마주하는 시간을 가져보길 바란다.

1) 배움: 그림책 『나는 [　　] 배웁니다』

2) 완벽주의를 꿈꾸는 너에게: 그림책 『나 하나로는 부족해』

3) 내 인생의 커튼콜: 그림책 『나의 쓸모』

4) 가슴속 요정의 질문: 그림책 『엄청나게 커다란 소원』

5) 내 목소리를 찾아서: 그림책 『앵무새 해럴드』

6) 짝수의 반란: 그림책 『당신을 측정해 드립니다』

4.
나를 알아가는 시간

『나는 [   ] 배웁니다』

가브리엘레 레바글리아티 글, 와타나베 미치오 그림 | 박나리 역 | 책속물고기 | 2018

거창한 쓰임 따위 미리 생각하지 않고 어린아이의 천진한 호기심으로 세상과 조우한다면, 우리는 방대한 배움거리들 앞에 즐거운 비명을 지르며 세상 속 놀이터로 풍덩 뛰어들게 될 것이다.

배움

(그림책: 『나는 [ ] 배웁니다』)

배움을 학습이라고 생각하는 순간 부담이고 압박이고 기피 할 무엇인가가 되어 버린다. 우리 사회에서 통용되는 배움의 의미는 '쓰임'을 포함하고 있기 때문이다. 실제로 사용되어야 하는 것, 그 용도로서의 가치가 있으려면 배움을 시작하기 전, 훗날 배운 것의 활용도를 염두에 두어야 하는 것이다. 그래서 우리는 늘 배움 직전에 체념을 반복하곤 한다. 실제 어딘가에 쓰일 가치가 있는 것을 배워야 하고 그 과정이 학습이라면 배움에 접근할 수 있는 사람들이 과연 얼마나 될까?

그림 속 주인공은 젓가락질을 배우고 꽃 기르는 법을 배운다. 새우는 그럭저럭 집을 수 있지만 크기가 작은 밥알은 자꾸만 떨어뜨려 더욱 심기일전하게 된다. 씨앗이 꽃 한 송이로 성장하는 과정을 경험하며 정원을 가꾸게 될 바람을 가진다. 수영을 시작하며 선생님의 설명대로 따라 하니 마치 물고기가 된 것 같은 기분이 들면서 물속에서 숨을 잘 쉬는 물고기에 대해 새삼 인식하게 된다. 그러면서 물고기한테도 배울 것이 있다는, 나아가 이 세상 모든 피조물에게서 배울 것이 있다는 겸허함을 배우게 된다.

그림으로 표현된 주인공의 모습은 매우 단순하다. 굵직굵직한 테두리, 선명한 색깔의 채색과 행위 중심의 직관적 인물 표현이 배경 그림 없이도 그 의미가 잘 전달된다. 표지에서 표제지, 첫 장까지 연결되는 노란색 배경의 색감이 노랑은 병아리, 귀엽고 작은 것, 어린아이 순으로 연상작용을 불러일으킨다. 세상에 호기심을 잔뜩 품고 있는 천진한 아이의 모습이 자연스럽게 주인공에 투영되는 것은 이 때문이다. 게다가 젓가락질이나 꽃 기르기, 수영 등은 어린아이가 세상에 태어나 처음으로 배워야 할 것들에 종종 해당한다. 일견 마음이 편해지고 안도가 되는 장면이다. '그래, 어린아이들은 세상을 보다 다채롭게 살아가기 위해서 이런 배움이 필요하기도 하지'라고 흐뭇해지는 것이다.

주인공은 자전거 타기를 시도한다. 균형을 잃기도 하지만 잘 탈 수 있을 때까지 연습을 다짐한다. 텔레비전 광고에서 흘러나오는 외국어에 귀를 기울이며 따라 말해본다. 아이가 점점 자라 더 많은 집중과 익힘을 필요로 하는 배움들을 경험하고 있는 듯하다. 뜨개질을 배워 작은 양말을 완성하고, 발표회를 위한 오케스트라 일원이 되어 심벌즈를 배우는 것까지 주인공의 배움은 소소하면서 진중하다. 단지 시간을 보내기 위함이나 오락거리가 아니라 진지한 배움의 시간으로 몸이 체득하고 그것이 만들어 낸 결과에 감사하며 뿌듯해하는 마음이 그림과 글에서 잔잔히 느껴진다.

오늘은 특별한 날이라 아무것도 배우지 않는다는 이야기와 함께 이어지는 생일 파티와 축하의 그림. 다음 날 냉장고에 붙어 있는 생일 축하 사진 속 주인공은 할머니이다. 할머니는 손자가 찍어 준 사진을 꼭 껴안으며 "일흔네 살은 전혀 늙은 게 아니야!"라고 혼잣말을 한다.

마지막 장, 사진 속 백발 할머니의 모습에서 독자들은 이제까지 나열된 배움들을 떠올리게 될 것이다. 어린아이가 아닌 할머니의 배움으로 다시 바라보게 되는 젓가락질, 꽃 가꾸기, 수영, 자전거 타기 등…. '백발의 할머니가 왜 그런 것들을 배우게 되었을까'라는 생각보다 여전히 새로운 것에 호기심을 가지고 접근을 시도하는 용기에 자신을 반성하게 될지도 모른다. 해보지 않은 것, 익숙하지 않은 것, 낯선 것들 안으로 천천히 다가가는 걸음이 바로 배움이라고 할머니의 일상이 말해주는 듯하다. 거창한 쓰임 따위 미리 생각하지 않고 어린아이의 천진한 호기심으로 세상과 조우한다면, 우리는 방대한 배움거리들 앞에 즐거운 비명을 지르며 세상 속 놀이터로 풍덩 뛰어들게 될 것이다.

『나 하나로는 부족해』

피터 H. 레이놀즈 글·그림 | 조세현 역 | 비룡소 | 2007

완벽주의는 계획표가 만들어내는 것이 아니라, 내 마음속 불안이 키우는 것일지도 모른다. 이 세상에 나 하나로 부족한 일이 있다면, 그건 애초 두 사람이 해야 할 몫이었을 것이다.

완벽주의를 꿈꾸는 너에게

(그림책: 『나 하나로는 부족해』)

달력을 두세 개씩 달고 살던 때가 있었다. 날짜 아래 허락된 좁은 면으로는 밀려드는 일정을 다 기록해 둘 수 없어 접착 메모지를 추가하는 작업이 필요하였다. 꼭 챙겨야 하는 행사로 별표 표시라도 한 날짜에는 또 반드시 그날에 해내야 하는 다른 일정의 표기가 마뜩잖아 형광펜으로 덧칠해 가며 잊어버리지 않으려 애면글면했다. 그렇게 달력 하나로는 부족하여 업무별, 분야별로 달력을 늘려가며 완벽한 일 처리와 완벽한 인간상을 꿈꾸던 시절이 있었다.

어수선한 방과 함께 너무너무 바쁜 '레오'가 등장한다. 해도 해도 끝나지 않는 일. 두서없이 일에 덤벼들기 때문이라고 우리는 쌓인 일들 앞에서 생각한다. '계획표를 작성해서 차근차근, 목록을 하나하나 지워가며 일을 처리해 나간다면 완벽한 끝과 마주하게 될 거야!' 레오 또한 그러한 독자의 생각에 공감한 듯, 계획표의 도움을 받기로 하고 '할 일'의 목록을 적어 본다. 처리의 유무를 확인할 수 있는 자그만 체크 박스를 항목마다 넣는 것도 잊지 않고 말이다. 그런데 메모지 하나로 시작된 계획표는 어느 순간 돌돌 말아도 될 정도의 두루마리가 되어 버린다. 계획표의 늪에 빠져 결벽처럼 확인에 목을 매는 또 한 명의 완벽주의자가 그림책 안에서 탄생한다.

표지 그림에서 두루마리도 모자라 산처럼 쌓여있는 '할 일'들의 계획표 더미 위에 레오가 서 있다. 그리고 레오는 이제 막 그 '할 일'의 첫 목록을 들여다보고 있다. 그림대로라면 레오는 '할 일'의 그 끝과 마주하는 것이 요원해 보인다. 그림책 뒤표지에도 '할 일'들이 하나의 산봉우리를 만들고 있기 때문이다. 도대체 계획표에 적힌 '할 일'들이 무엇인지 궁금하지 않을 수 없다. 표지를 들추면 표지 뒤로 연결되는 면지가 등장하고, 유선 노트를 연상시키는 화면 안에 빼곡히 들어찬 '할 일'들의 기습에 숨이 턱 하니 막혀온다. "자전거 고치기, 옷장 정리하기, 멍멍이와 산책하기…. 전구 갈아 끼우기, 바이올린 연습, 계단 청소하기, 건전지 사기, 치과 가기, 학원 등록하기, 세수하기, 화분에 물 주기, 약속 취소하기…. 계획표 다시 만들기……."

생각보다 대단치 않은 사소한 '할 일'들에 풋 하고 웃음이 삐져나오는 독자도 있을 것이고, 한편으론 사소한 일조차 목록을 만들어 확인해야 할 만큼 완벽한 일상을 추구하는 레오의 모습에 측은함을 느끼는 독자도 있을 것이다. 세수를 하는 것마저 확인해야 하고, 그도 모자라 '한 일'을 다시 확인하면서 새로운 계획표를 만들어야 할 지경이라면 완벽주의는 더 이상 일상을 완벽하게 만드는 이념이 아니라 '병'인 것이다.

레오는 자신만으로는 부족하다고 느끼며 분신이 있어 함께 처리할 수 있었으면 좋겠다는 생각을 한다. 부족한 하나의 달력을 보완하기 위해 여러 개의 그것을 마련해야 했던 나처럼 말이다. 분신처럼 등장하는 또 한 명의 레오. 둘이서 그 모든 할 일들이 해결되었다면 좋았을 텐데, 웬걸 레오가 둘이 된 만큼 할 일도 두 배로 늘어난다. 그렇게 레오는 책장을 넘길 때마다 마술처럼 늘어나 열 명이 되기에 이른다. 열 명의 레오가 바쁘게 뛰어다니며 계획표의 일을 처리하는 모습이 한쪽 면 가득 그림으로 표현된다. 그럼에도 완벽한 끝과 마주할 수 없는 건, 그사이 일이 열 배로 늘어나 있기 때문이다.

달력이 두세 개로 늘어나면 더 완벽한 일 처리와 더 완벽한 내가 될 수 있을 것이라고 생각했지만, 늘어난 달력의 개수만큼 더욱 쪼개진 일들 사이에서 더욱 강도 높은 완벽주의의 기승을 견디면서 나를 마모시켜 갈 뿐이었다. 다행히 레오는 열 명의 레오에서 더 나아가지 않고 소진된 자신을 돌아본다. 나른한 낮잠 속 부드러운 꿈 가운데 "다 못 하더라도 최선을 다하면 어떨까?" 자신에게 제안을 하고, "그럼 나 하나로도 충분해." 스스로의 기량을 인정하며, "그냥 나 혼자… 꿈도 꾸면서 하면 되지."라며 완벽주의자에서 꿈꾸는 삶으로 선회한다. 뒷면지에서 빈 유선 노트 아래 팔베개를 하고 드러누운 레오의 모습에서 더 이상 일에 쫓기지 않는 편안함이 느껴진다.

이 세상에 나 하나로 부족한 일이 있다면, 그건 애초 두 사람이 해야 할 몫이었을 것이다. 사람에게 달력은 하나면 족하고, 계획표의 '할 일'은 메모지 한 장이면 충분하다. 완벽주의는 계획표가 만들어내는 것이 아니라, 내 마음속 불안이 키우는 것일지도 모른다. 완벽주의를 꿈꾸는 당신… 스케치 그림이 편하게 다가오는 피터 레이놀즈의 이 그림책에서 레오를 꼭 만나보길 권한다.

『나의 쓸모』

최아영 글·그림 | 책읽는곰 | 2024

내 인생의 커튼콜은 남이 불러주는 것이 아닌, 내가 등장할 수 있을 때 서는 무대여야 한다. 떠밀리듯 불려 나온 무대에서 두 번째 삶이 그리 녹록하지 않음을 경험하게 될 수 있다.

내 인생의 커튼콜

(그림책: 『나의 쓸모』)

달덩이처럼 둥그렇고 탐스러운 항아리가 표지 그림에 등장한다. 많은 것을 품고 담았을 것으로 추측되는 풍만한 몸체. 그러나 표정은 밝지 않다. 항아리 입구의 작은 벌어짐과 그 아래로 이어지는 균열이 그간의 노고를 대변한다. 눈으로 그려진 작은 다이아몬드 모양은 가로로 길게 눕혀진 형태라 슬프고 우울하다는 감정을 불러일으킨다. 무표정 안에 상심을 담고 있는 얼굴, 항아리의 모습이다. 상단에 적힌 '나의 쓸모'라는 제목은 항아리가 자신에게 묻는 물음 같다. '이러한 모습일진대 나의 쓸모는 여전히 가능한가'라고.

온갖 꽃을 담으며 공간을 밝히고 사람들의 시선을 끌던 화병은 이가 빠지는 상처를 겪은 뒤, 냉정하게 버려진다. 쓰레기 더미들에 나란히 놓여 새벽이 올 때쯤 수거될 것이며 이후의 향방은 알 수 없다. 항아리로 태어나 화병으로 살던 삶은 이제 끝났다.

누군가의 손에 들려져 쓰레기장을 벗어난 이후에도 마냥 기쁠 수만은 없다. 어떤 연유로 선택되었는지 알 수 없을뿐더러 화병의 삶으로 충만했던 항아리에게 그 이외의 쓰임은 존재의 전락을 의미하기 때문이다. 도망갈 수도 없는 현실. 항아리는 그저 몸을 새로운 주인에게 내맡긴 채 다른 쓰임으로 거듭나기 위한 수모를 겪는다. 물세례로 씻기고 닦인 후, 밑바닥이 못질로 구멍 뚫린다. 사람들이 밟고 다니는 흙덩이가 몸 안으로 꾹꾹 눌러 담긴다. 깨끗한 물과 향기로운 꽃만을 품었던 항아리에게 이 낯선 경험은 도무지 그 앞날을 예측할 수 없는 어두운 터널 같다. 흘린 밥알처럼 자잘한 것들이 몸 안에 흩뿌려지고 다시 한번 세차게 물벼락을 맞은 뒤, 항아리는 거실 밖 베란다로 내쳐진다. 이제 즐겁고 행복한 일은 더 이상 일어나지 않을 것이라고 항아리는 체념한다. 항아리로 태어나 화병으로 살았던 화려한 인생은 되돌아갈 수 없는 먼 과거가 되어버렸다.

항아리의 두 번째 쓰임이 시작된다. 항아리 자신은 인정하기 힘든 화분으로서의 삶이다. 어떤 기대를 가질 수 있고 어떤 노력이 필요하며 그 뒤에 누릴 수 있는 즐거움과 행복은 무엇일지 짐작되지 않는다. 몸 안에 담고 있는 것이 내세울 만한 향기로움이나 아름다움을 지니지 않은 것도 자존심 상하는데, 사실상 집의 밖인 베란다가 삶의 자리가 되었다는 데 서글픔이 밀려든다. 주변의 화분들이 모두 비웃는 것처럼 느껴지며 화가 치밀어 오른다.

삶은 계속된다. 우리가 그것을 받아들였는지 아닌지에 상관없이 시간은 흐르고 계절이 바뀌고 삶의 모습도 변해 간다. 쿰쿰한 흙냄새만 풍기던 몸 안에서 어느 날 꼬물꼬물 싹이 올라오고 키가 자라더니 초록 잎 사이사이 노란 꽃을 피운다. 다시는 올 수 없을 것이라 여겼던 화병의 삶이 짜릿하게 스쳐 가며 화분은 꽃을 항아리 가득 따뜻하게 품는다. 가슴이 벅차오른다.

화려하게 만개한 꽃만을 품었었던 항아리에게 꽃이 진다는 경험은 낯설지만 슬프지 않다. 꽃이 진 자리에 맺힌 열매를 통해 그동안 감내해야 했던 수고로움이 비로소 해소된다. 화분으로서의 삶도 나쁘지 않다고, 아니 이전에는 담아보지 못했던 열매를 품을 수 있어서 충만한 삶이라고 작은 다이아몬드 모양의 눈이 말한다. 다이아몬드 모양은 세로로 바뀌어 있고 길쭉한 모양이 주는 날렵함과 경쾌함은 긍정의 감정 표현으로 읽힌다. 화분의 눈이 웃고 있다.

삶의 무대에서 내 의지로 혹은 여타의 이유로 내려오거나 막을 내려야 할 때가 있다. 무겁게 드리워진 커튼은 다시는 열릴 것 같지 않다. 나를 쓰고자 하는 부름이 커튼콜로 이어져 무대 위 재기를 꿈꿀 수도 있다. 나의 쓸모를 여전히 호평해 주니 반갑고 고맙다. 그러나 영원한 쓸모란 존재하지 않으며 마르고 닳도록 쓰인 다음의 나는 새롭게 거듭나지 않는 한 다시 쓰일 여지를 잃게 된다. 나는 늘 쓰임새가 있는 가치를 가진 사람이어야 한다.

그림책 뒤표지에서 "당신의 쓸모는 아직 끝나지 않았습니다." 라는 메시지를 읽게 된다. 여전히 쓰일 곳이 있음에 위안받으면서도 한편으론 쓸모 있는 존재로 살아남기 위해 또다시 고군분투해야 하는 삶에 벌써부터 지쳐버린다. 나의 쓸모를 타인에게 일임하면 안 되는 이유를 여기에서 깨닫는다. 자신을 가치로운 존재로 여기되 세상의 잣대가 나의 쓸모를 이리저리 재단하지 않도록, 그리고 동요되지 않도록 내가 가진 가치를 진정으로 아껴야 함을 생각한다.

항아리의 두 번째 삶이 즐겁고 행복할 수 있어서 참으로 다행이다. 비록 자신의 선택은 아니었으나 쓰임을 알아봐 주는 혜안을 가진 이의 도움이 있었고 갖은 역경을 참아내는 인내가 있었으니 살아볼 만한 삶이 또다시 전개될 수 있었다.

이 그림책은 두 가지 관점으로 읽힌다. 항아리가 화병으로서의 인생 전반부를 살고 난 후, 버려질 뻔하다가 개조되어 화분으로서의 인생 후반부를 살게 되었다는 인생 이모작의 실현이 그 하나이다. 이는 '아프니까 인생이다'라는 모토로 절망하지 않고 노력한다면 내가 설 자리는 반드시 생긴다는 교훈적 메시지와 연결된다. 그리고 가치 있는 삶에 관한 생각의 전환을 통해 나의 쓰임을 새롭게 발견한다는 것이 또 다른 관점 하나이다. 어떤 관점으로 읽히든 중요한 건, 삶의 무대에서 나를 소환하는 주체는 나 자신이 되어야 한다는 점이다. 내 인생의 커튼콜은 남이 불러주는 것이 아닌, 내가 등장할 수 있을 때 서는 무대여야 한다. 떠밀리듯 불려 나온 무대에서 두 번째 삶이 그리 녹록하지 않음을 경험하게 될 수 있다.

삶이라는 문제에 자신 있게 답안을 작성할 수 있는 사람은 없을 것이다. 결말이 해피엔딩이라 흐뭇하게 덮을 수 있었던 첫 만남에서, 다시 펼쳤을 때는 고개를 모로 갸웃거리게 되는 이 그림책을 독자들도 읽고 자신의 생각은 어떤지 함께 공유할 수 있게 될 날을 고대해 본다.

『엄청나게 커다란 소원』

앤서니 브라운 글·그림 | 김여진 역 | 웅진주니어 | 2022

내가 바라는 것이 무엇인지 물어봐 주고 살피는 가슴속 요정이 있어, 남과 비교하지 않고도 온전히 나를 바라볼 수 있고 소중한 것의 선택에 흔들리지 않게 다잡아주고 있는지도 모른다.

가슴속 요정의 질문

(그림책: 『엄청나게 커다란 소원』)

제목에서 뭔가 대단한 기대감이 느껴진다. '소원'이라는 단어가 마음 한 귀퉁이에 숨어 있었던 욕망을 자극하고, '엄청나게 커다란'이라는 꾸밈말이 그 욕망의 부피를 부풀린다. 내가 바라는 것이 무엇인지 찬찬히 들여다보기도 전에 물질적 세계가 먼저 마음에 꽉 들어찬다. 우리는 '소원'이 '소유'의 의미와 동일시되는 시대를 살고 있는 것이다. 이 그림책 역시 엄청나게 커다란 무언가를 가지게 된다는 이야기일까.

세 아이가 소파에 나란히 앉아 있는 그림이 표지이기도 하면서 이야기 첫 장면이기도 하다. 생각이 뭉게뭉게 머리 위로 피어올라 구름을 만들고 '엄청나게 커다란 소원'이 그 생각이었음을 제목으로 표기하고 있다. 제목 속 바나나 그림과 노란색 모음으로 이루어진 '소'라는 글자를 통해 작가는 미리 결말을 예고하고 있다. 일종의 복선이랄까. 처음에는 무심코 넘겼다가 그림책을 다 읽고 난 후, '아하!' 하고 안 보이던 작가의 재치를 그제야 발견하게 될 수도 있다. 고릴라(작가가 사랑하는 동물) 얼굴을 한 세 명의 아이들이 바라고 원하는 소원은 무엇일까.

표지를 넘기면 나오는 면지에는 온통 바나나가 그려져 있다. 단순히 고릴라가 좋아하는 음식이라서 그려 넣은 것인지 살짝 독자를 방심하게 한다. 그다음 장인 표제지에는 오래된 텔레비전이 등장한다. 그리고 다음 장, 이야기 첫 장면에서 표지 그림이 다시 한번 재현되고 아이들이 소파에 앉아 있는 모습이 텔레비전을 보고 있는 상황이었음을 이해하게 된다.

무료하게 텔레비전을 보고 있는 아이들. 순간 화면을 뚫고 요정이 걸어 나온다. 화면 밖으로 나온 요정을 보는 것만 해도 놀랄 일인데, 요정은 세 가지 소원을 들어주겠다고 말한다. 대신 아주 신중하게 고를 것을 당부한다. 환호하는 아이들. 검정 무늬로 자잘했던 황토색 벽지가 아이들의 머릿속 찬란한 환호를 대변하듯 원색의 꽃무늬로 바뀐다. 꽃무늬 벽지는 아이들의 소원이 이루어진 미래인 것처럼도 느껴진다. 그런데 아이들이 원색의 꽃밭에 파묻히고 그 안에 갇힌 것처럼 보이는 건 왜일까.

바보 같은 소원을 고르지 않도록 아이들은 천천히 신중하게 생각한다. 뭔가 엄청나고 대단한 소원을 말하고 싶다. 그러려면 배도 좀 채우면서 고민하면 좋을 듯하여 '커다란 바나나'가 먹고 싶다고 말하는 맏이 '램버트'. 순간 엄청나게 커다란 바나나가 탁자 위로 떨어진다. 분노하는 둘째 '힐다'. 소원 하나를 바보 같은 바람으로 허비했다는 생각에 힐다는 화가 머리끝까지 치밀어 오르고 분노로 이성을 잃은 상태에서 "오빠 코끝에 바나나가 붙어 버려라!"라고 소리친다. 바보 같은, 아니 저주 같은 바람으로 또다시 소원 하나를 허비해 버린다. 코에 꼭 붙어 어떤 방법에도 떼어지지 않는 바나나. 아이들은 절망하고 마지막 하나 남은 소원을 써야 한다는 사실을 알면서도 인정하기 어렵다. 결국 막내 '로스'가 이 역할을 맡는다. "오빠 코에서 엄청나게 커다란 바나나가 떨어지게 해주세요."

'엄청나게 커다란 소원이 결국 바나나 하나였네'라는 생각이 들면서 오랜 옛이야기 하나가 떠오를 것이다. 할아버지와 할머니가 등장하고 소시지가 나오는 이야기. 엉겁결에 말한 소시지가 말대로 나타나고 홧김에 코에 붙어 버리라는 말이 그대로 이루어지고, 결국 소시지를 떼어내게 하는 것이 마지막 세 번째 소원이 되어 버렸다는 이야기 말이다. 이는 프랑스 작가 샤를 페로의 민담집에 기록되어 있는 이야기이다. 앤서니 브라운은 책의 서두에 그림 형제(Jacob & Wilhelm Grimm)의 이야기에서 영감을 얻어 이 그림책을 만들었다고 밝히고 있다. 그림 형제 민담집에 수록된 『어부와 아내』라는 이야기는 계속해서 더 큰 부와 권력을 갈구하는 인간의 끝없는 욕망에 대해 다루고 있고, 소원의 수를 세 개로 제한하지 않고 있어 이야기 내용이 다소 다르다. 개인적인 소견으로는 샤를 페로의 이야기와 더 유사하다고 생각하지만, 작품을 만든 작가의 의견을 존중한다.

그림책을 덮고 나서 다시 읽을 때면 새롭게 보이는 것들이 있다. 이 그림책이 그러하다. 선명한 색으로 큼직하게 표현된 인물들, 읽기 쉬운 문장들로 구성되어 있어 한 번 읽으면 그림과 글이 모두 이해된다. 그런데 연극 공연에서처럼 양옆으로 처져 있는 빨간 커튼이 두 번째 읽을 때서야 눈에 들어온다. 빨간 커튼은 아이들이 등장하는 이야기의 첫 장면과 끝 장면에만 그려져 있다. 그림책 속 이야기가 아이들이 펼치는 연극으로 생각되는 부분이다. 그리고 막내 로스의 존재이다. 이 아이는 독특한 인물이다. 요정의 소원 이야기에 동요하지 않았고 어떤 소원도 말하지 않는다. 오빠와 언니 같은 감정과 행동의 급격한 변화를 나타내지 않는다. 존재감 없는 이 아이의 행보가 두 번째 읽을 때야 비로소 제대로 이해된다.

연극 무대에 등장하는 램버트와 힐다는 우리 모두의 모습으로 우리가 가진 욕망을 소박하게 묘사하고 있지만, 이야기의 유머가 던지는 질문은 단순하지도 소박하지도 않다. 물질적 욕망에 사로잡혀 있지만 실상 그 욕망이 무엇이며, 그것이 내가 진실로 바라는 것인지조차 알지 못한다. "인간은 타인의 욕망을 욕망한다."라는 [2]라캉의 말이 현실의 모습이다. 대단하고 멋진, 아무도 가지지 않은 엄청나게 커다란 어떤 것을 생각해 내야 하는데, 그런 것이 실제로 있기는 한 것인지, 그것이 이루어졌을 때 타인의 것보다 더 우월하다고 장담할 수 있을 것인지 고민스럽다.

램버트의 선택은 '먹을 것'이라는 가장 원초적인 욕구 표현으로 '엄청나게 커다란'이라는 의미와 엇갈리면서 일치한다. 배고픔이라는 현재 자신의 욕구에 솔직하였고, 과일 하나가 소원인 것이 하잘것없다고 생각될지 모르나, 인간의 생존 욕구 중 하나인 식욕을 충족하고자 하는 바람은 엄청나게 커다란 소원으로 바라기에 충분하다. 사소한 먹을 것에 인생 절호의 기회를 놓쳤다고 억울해진다면, 죽음 뒤 남겨지는 물질이 무슨 소용인가를 생각해 보자. 이런 비약까지 가지 않더라도 이 그림책이 말하는 메시지를 우리는 분명히 이해할 수 있다. 내가 가진 바람과 욕구에 온전히 충실하자는 것이다. 아이들이 무대에서 퇴장하고 커튼이 닫힌 가운데 커튼콜로 불려 나온 것마냥 무대 위에 커다랗게 놓인 바나나 껍질 그림과, "지금껏 먹어 본 그 어떤 바나나보다 맛있는 엄청난 바나나였어요."라는 문장에서 이는 명확해진다.

결단을 내려야 할 순간에 부담을 떠안고 세 번째 소원을 말한 로스는 무대 안에 있지만, 무대 밖 독자를 살피면서 이야기를 중재해 나가는 심판자의 모습이다. 어쩌면 작가의 분신일 수도 있

2) Jacques Lacan(1901-1981), 프랑스의 정신분석학자이자 철학자.

다. 그림책 마지막 장에서 화면(그림) 밖 독자의 눈을 응시하며 “당신의 소원은 무엇인가요?”라고 질문하는 로스의 모습에서 그가 관조자였음이 드러난다. 게다가 그의 등 뒤로는 네 개의 날개가 음영으로 표현되어 있다. 그가 요정이었던가! 아니, 우리는 모두 가슴속에 요정 하나씩 품고 있을지도 모른다. 내가 바라는 것이 무엇인지 물어봐 주고 살피는 요정이 있어, 남과 비교하지 않고도 온전히 나를 바라볼 수 있고 소중한 것의 선택에 흔들리지 않게 다잡아주는.

앤서니 브라운의 고릴라 아이 그림이 사랑스러운 이 그림책을 읽으면서 나의 소원은 무엇인지 가슴속 요정을 불러 자문자답해 보길 바란다.

『앵무새 해럴드』

코트니 딕마스 글·그림 | 김현좌 역 | 봄봄출판사 | 2016

확고한 내 목소리 위에 타인과의 유사성은 어울림이자 즐거움이 된다.
그것은 삶의 유연성이다.

내 목소리를 찾아서

(그림책: 『앵무새 해럴드』)

'해럴드'는 모든 소리를 한 번만 들으면 곧바로 따라 할 수 있는 앵무새이다. 주인과 함께 거주하는 도시의 아파트에서 해럴드의 흉내 본능을 자극하는 소리는 현대 가전기기의 수까지 보태어 매우 다양하다. 소리의 수가 많을수록 그것을 구분하여 흉내 내는 해럴드의 재주는 더욱 빛을 발한다. 소리 모사에 다분히 천재적인 능력을 가지고 있는 해럴드. 특히 물소리를 좋아해 욕조, 세면대, 세탁기, 변기 근처를 날아다니며 기기가 분출하는 소리 못지않게 기계음을 재생하는 해럴드이다. 아파트 실내에서 최고의 기량을 뽐내는 해럴드.

앵무새 해럴드가 단지 소리를 흉내 내는 것에서 성취를 느낀다면 이 그림책은 '동물 앵무새' 이야기로 읽힐 것이고 자연 혹은 생태 그림책으로 분류되어도 무방할 것이다. 그러나 그림책

속 앵무새는 '따라 하기'에 싫증을 느낄 줄 아는 자기 인식이 있는 존재로 그려진다. 작가는 '해럴드'라는 사람 이름을 새에게 붙이면서 우리의 삶을 앵무새의 흉내 본능에 빗대어 이야기하려 한다. 그리고 우회적인 기법 대신 독자에게 직설적으로 묻는다. 모사의 삶에 만족하는가? 생태에 충실했던 앵무새의 행동이 자기 발견 이야기로 전회 되면서 독자는 해럴드에 자신을 이입하기 시작한다.

해럴드는 한정된 공간에서 제한된 개수의 소리 흉내 내기에 지루함을 느낀다. 이러한 각성은 외부의 더 넓은 세상으로 관심을 돌리도록 부추기고, 열린 아파트 창 너머 바깥세상으로 시선을 돌릴 기회를 포착하도록 한다. 어느 날 아침, 창문이 열린 틈을 놓치지 않고 해럴드는 이제까지의 경험을 뛰어넘는 소리의 세계로 이끌리듯 진입한다. '아름다운, 저마다의 소리로 가득 찬' 세상과의 조우는 해럴드에게 신선함과 충격으로 다가온다.

벽에 가두어진 소리의 음에 익숙했던 해럴드에게 무한대의 세계로 퍼져나가는 음의 파장은 놀랍고도 경이로웠으리라. 마치 우물 안에서 보았던 하늘의 크기가 밖으로 나왔을 때 경계를 지을 수 없는 어마어마한 크기라는 것을 깨닫는 것처럼. 더욱이 바깥세상의 소리는 실내의 기계음과는 차원이 다르다. "즐거운 소리, 슬픈 소리, 열정적인 소리"라고 해럴드는 마음으로 소리를 인식한다. 버라이어티한 자연의 소리 속에 행복감을 느끼던 해럴드가 불현듯 긴장하게 된 건, 자연의 하나로 자신을 들여다보고 인식하게 된 순간이다. 세상 만물이 표현하는 소리의 일군에 해럴드 자신의 소리는 존재하지 않았던 것이다!

남 따라 하기 급급하던 삶에 해럴드의 이야기는 흔쾌하지 않은 불편함을 안겨 준다. 보통의 평범한 삶이란 유사하다 못해 똑같은 것이라며 일정의 삶을 추구하던 이에게 그야말로 벼락같은 채찍이다. 그만그만한 옷을 입고, 그만그만한 음식을 먹으며, 그만그만한 소유물을 갖추는 동안 그만그만한 사람이 되어가고 있다는 것을 애써 깨달으려 하지 않는다. 우리는 타인과 비슷해져야 불안함을 느끼지 않는다.

그림책은 독자를 겨냥하여, 뒷짐 지고 걸으며 생각에 잠긴 해럴드의 모습을 그의 이동 경로를 따라 아홉 마리의 '생각하는 해럴드' 그림으로 표현한다. 자신이 그만그만한 앵무새라는 사실에 대해 깊이 고민하는 해럴드의 모습에 독자는 마음의 동요를 일으킨다. "틀림없이 나만의 소리가 있을 거야! 분명히 있을 거야!" 해럴드의 목소리가 독자의 의중을 건드리기 시작한다.

궁리 끝에 자신의 목소리를 내어 보기로 결심하는 해럴드. 숨을 한껏 들이마시고 긴장과 기대감으로 세상에 처음 내보는 목소리는… 하지만 자신이 듣기에 너무 끔찍하다. 이제까지 들어 봤던 그 어떤 소리와도 닮지 않았다. 세상의 소리와 유사하지 않음에 순간 자신의 소리가 매우 형편없다고 생각하며 부리를 틀어막는다. 역시나 나의 소리를 낸다는 것은 불가능한 일이었을까. 실망의 고비 끝에, 앵무새의 자기 도전은 해피엔딩을 맞는다. 멀리서 소리를 듣고 날아온 새의 무리를 통해 해럴드는 세상 그 어떤 소리와도 닮지 않았기에 자신의 소리가 독특하며 가치가 있다는 것을 알게 된다.

주인공인 해럴드가 소리를 흉내 내는 재주꾼으로 만족하지 않고 자신의 소리를 낸다는 이야기에서 소재가 담고 있는 메시지가 '소리' 그 이상이라는 점은 독자도 충분히 인식할 것이다. '소리'는 '삶'의 은유적 표현이다. 앵무새 해럴드가 각종 소리를 따라 하며 재능을 인정받듯이, 우리는 타인과 유사해지려 기를 쓰며 그러한 삶을 유지하게 되었을 때 '잘살고 있다'고 평가받는다.

주체가 내가 아닌 모사의 삶에서 기쁨과 만족은 바닥을 드러낸다. 해럴드가 바깥세상을 기웃거리는 것처럼, 우리도 낯선 세계를 향해 잠시 삶의 자리를 이탈한다. 비로소 보이는 삶의 전경들. 사람 사는 모습 거기서 거기라지만 삶을 대하는 태도, 만족과 행복감을 느끼는 지점은 모두 제각각이다. 겉으로 비슷해 보일지라도 내가 주체인 삶에서 울려 나오는 '소리'는 타인의 그것과 명확히 구분될 것이다. 다르다는 점이 더 낮거나 더 높음이 아님을 이해한다면 타인의 삶과 닮지 않음에서 오는 불안을 잘 다스릴 수 있을 것이다. 다름은 독특함이며 독특함은 배제의 대상이 아니다. 오히려 가치 그 자체가 되기도 한다.

해럴드는 자신의 소리를 찾았지만, 여전히 흉내 내는 일을 즐거워한다. 그의 흉내는 타 앵무새의 추종을 불허한다. 하지만 자기 소리를 낼 때 해럴드는 가장 행복하다고 그림책은 마지막 문장에서 이야기한다. 확고한 내 목소리 위에 타인과의 유사성은 어울림이자 즐거움이 된다. 그것은 삶의 유연성이다.

알록달록 앵무새 한 마리가 시종일관 그림 속을 날아다니며 재주를 부리고, 고민하고, 노력하고, 시도하는 모습은 단순히 어린아이 그림책으로만 읽히지 않는다. 앵무새의 아기자기하고 화려한 깃털에 아이들이 호감을 나타내며 흉내쟁이에서 창조에 다다르는 과정을 흥미진진하게 읽는다면, 성인은 의중을 들킨 듯 불편해지다가 그림 속 귀여운 앵무새의 도전에 흐뭇해지며 슬그머니 내가 시도해 볼 거리를 떠올리게 될 것이다.

『당신을 측정해 드립니다』

권정민 글·그림 | 사계절 | 2024

이 세상 끝까지 짝을 지어 놓아도 여전히 하나가 남는 홀수야말로 명쾌하고 짜릿하며 온갖 방식으로 나를 재단하려 드는 이들에 대한 반격이다.

짝수의 반란

(그림책: 『당신을 측정해 드립니다』)

친구의 주먹 쥔 손이 펼쳐지고 옹송그려져 있었던 구슬들이 손아귀 안에서 주춤주춤 흩어지며 모습을 드러낸다. 일 초 전 외쳤던 짝수, 혹은 홀수가 제발 맞기를 눈으로 헤아릴 새도 없이 친구는 야무지게 구슬의 짝을 맞춰 간다. 구슬이 많고 적음은 문제가 아니다. 짝이 맞아떨어지는지 한 개가 남는지가 관건이다. 두 개씩 세어가던 손이 마지막 구슬에 다다른 순간, 친구와 나는 동시에 수 이름을 외친다. 짝수와 홀수 개념을 인식해 가던 초등 저학년 시절의 놀이였다.

보다 심화된 숫자의 법칙들을 대하면서 점점 수 세계와는 거리가 멀어졌지만, 짝꿍이 있는 숫자와 그렇지 않은 숫자에 대한 이해는 성인이 된 지금까지도 나의 일상에 상당한 영향을 미치고 있다. 단언컨대, 나는 짝수를 좋아하지 않는다. 무의식에 잠재된

이 불호는 반대급부로 홀수를 과하게 선호하는 성향으로 표현되곤 한다. 예를 들면, 음향이나 속도, 온도, 강도를 표시하는 기기를 사용할 때 그 수치를 홀수에 맞춰야 마음이 편안해진다. TV의 볼륨을 '9'로, 에어컨 온도를 '25도'로, 선풍기의 풍력을 '3'으로 설정해 두는 것이다.

짝꿍은 서로에게 우호적 성격이 아니라 비교하고 견제하면서 나를 더 향상하기 위한 기준으로서 존재한다. 갓 입학한 중학 1학년, 담임선생님은 나와 늘 붙어 다니는 친구의 성적을 언급하며 다음 시험엔 그 아이를 능가하는 등수여야 한다고 격려 아닌 격려를 하였다. 마음 한구석에 좋지 않은 비밀을 담고 다니는 것처럼 아리고 저며 어느 날 제 발 저리듯 친구에게 토로했을 때, 아무렇지도 않게 자신도 똑같은 얘기를 선생님에게 들었다고 말하던 아이. 별것 아니라는 듯 화제를 돌리려는 친구에게 '난 너를 이기고 싶지 않아.' 솔직한 마음을 털어놓으며 이 우정이 영원히 지속되길 꿈꾸었다. 그러나 엎치락뒤치락 등수가 오가고 선생님의 격려가 이간질의 풀무질로 작동하는 동안, 친구와 나는 더 이상 짝꿍일 수 없음을 깨닫게 되었다.

이즈음부터 둘씩 맞춰진 짝수를 보면, 겉보기엔 완벽하게 똑 떨어진 맞춤처럼 보이지만 서로 견제하며 올라서려는 아웅다웅의 스멀거림이 숫자 안에서 느껴지기 시작했다. 짝수로 맞춰 놓았다는 건 비교할 상대를 만들어 놓았다는 것, 그것이 짝수에 대한 나의 불호의 이유이다. 이 세상에 나는 유일무이한 존재로 비교의 대상이 없으며 비교할 필요도 없다. 이것이 나의 홀수에 대한 선호의 이유이다. 이 세상 끝까지 짝을 지어 놓아도 여전히 하나가 남는 이 홀수야말로 명쾌하고 짜릿하며 온갖 방식으로 나를 재단하려 드는 이들에 대한 반격이다. 아주 소소한 복수이다.

이 그림책은 나의 짝수에 대한 경험과 생각을 완벽하게 드러낸다. '측정'이라는 어휘가 '기준'과 '재다'라는 의미를 담고 있으니 제목부터 공격적이다. 노골적이다. 다른 말로 하면 '당신을 비교해 드립니다'가 될 것이므로.

다양한 고양이 종, 열여섯 컷으로 그려낸 표지 그림은 그나마 사람이 아니라서, 사람을 대체하고 의인화한 동물로 완곡하게 표현한 그림이라서 그 옆에 세로로 쓰인 '당신을 측정해 드립니다'라는 제목이 표지를 넘기기도 전에 그림책을 밀어낼 거북스러움을 다소나마 진정시킨다. 그렇게 넘긴 면지에서 독자는 각종 측정 기기들과 마주친다. 길이나 무게, 부피, 양, 압력, 시간, 심지어 능력까지…. 이 모든 것들을 측정하여 숫자로 만들어주는 기기들이다. 이 기기들은 독자가 사용해 본 적이 있거나 신체에 들이대어 사용당해 본 적이 있는 것들이다.

책장을 휘리릭 넘겨 뒷면지를 펼치면, 앞서 본 기기들에 의해 판명된 측정 결과들이 다양한 방식으로 표현되고 있는 것을 확인할 수 있다. 그래프, 눈금선, 피라미드, 원, 육각형 등의 그림이 측정된 대상의 신체 곳곳을 최대한 극명한 수치로 설명하고자 한다. 이쯤에서 독자는 휘리릭 넘긴 장면들에 어떤 이야기가 담겨 있는지, 더 정확히 말하면 어떤 측정이 줄기차게 이루어지고 있는지 당연지사로 짐작하게 된다.

측정될 때 나는 '하나'로 홀수이나, 측정되어 수치화되는 순간 '준거'와 한 쌍이 되면서 비교당하는 악전고투가 시작된다. 짝수의 악몽인 것이다. 무엇을 측정하든 그 세계의 '기준'과 '표준'이 내게 짝꿍처럼 달라붙어 은밀한 대비가 이루어진다. 짝꿍(기준)에 앞서든지 뒤처지든지 그것의 모든 결과는 나를 설명하는 것처럼 포장되어 거대한 산점도의 무수한 점들 속 미미한 점 하나로 찍혀 표현된다. 그것이 정말 나를 설명하는 위치일까, 내가 가진 능력의 정도일까, 미래까지도 예측할 수 있는 역량일까.

작가는 머리말에서 "당신은 누구인가"를 묻는다. 그 물음에 답을 하기 위한 경로로 "물리학적, 생물학적, 사회학적, 심리학적 방법을 동원한 가능한 많은 값의 측정"을 통해 "당신의 의미"를 찾기 바란다고 말한다. 나를 탐색하기에 주저하지 않는 사람들은 측정으로 얻은 수치화된 결과가 나를 보다 선명하게 말해 줄 것이라 기대할지도 모른다. 온갖 '표준'과 비교되어 매겨진 순위와 구석구석 서열화된 도표를 들고, 내가 점하게 될 자리를 이 사회 속에서 가늠해 보면서.

사람을 대신하여 기초부터 첨단의 측정까지 갖은 검사에 응하는 고양이 모습을 그림으로 넘기며 누구든 그 자리에 자신을 넌지시 대입해 볼 것이다. 그러면서 측정 결과를 얼추 숫자로 만들어가며 때로는 흡족해하고 때로는 어깨가 움츠러들곤 할 것이다. 사람을 쥐락펴락하는 숫자 앞에, 그것이 나를 온전히 표현하는 수치인지 되물어 본다. 반올림으로 무마하여 버려진 숫자들은 내가 아닌 것일까, 버려진 숫자들이 표현하는 나는 어떻게 설명할 수 있을 것인가.

작가는 그림책을 넘기며 불유쾌해진 독자의 마음을 어루만지듯 꼬리말에서 다시 글을 남긴다. 그 내용이 궁금한 독자라면 이 그림책을 찾아보길 바란다. 필자는 세상의 '기준'과 짝꿍이 되지 않으려는 필사의 노력으로 홀수를 선호하지만, 짝수와 직면해서도 비교의 관계를 떠올리지 않으려 애쓸 것이다. 이제는 짝수의 틀 안에서 아웅다웅하지 않을 것이다. 그것이 짝수의 반란이다.

1) 마음이 차고 넘칠 때: 그림책 『눈물바다』

2) 고요히 지나가도록: 그림책 『미움』

3) 마음을 먹을 결심: 그림책 『마음먹기』

4) 더 두려운 것: 그림책 『나를 괴롭히는 아이가 있어요』

5) 블랙 독과 함께 걷는 법: 그림책 『블랙 독』

5.
마음의 온도

『눈물바다』

서현 글·그림 | 사계절 | 2009

눌러 담은 감정은 비대해지다 못해 마음 안에 천공을 낸다. 자신을 키워갈 마음의 근력을 잃지 않도록, 실컷 울고 나면 마음이 시원해진다는 경험이 필요하다.

마음이 차고 넘칠 때

(그림책:『눈물바다』)

그림책을 보는 내내 아이는 그림에서 눈을 떼지 못한다. 귀로는 내가 읽어주는 문장들을 담으며 그림 속 자기 또래의 아이가 보여 주는 행위에 글의 의미를 채워 나간다. 보는 것과 듣는 것을 바쁘게 구사하던 아이가 어느 지점부터 눈시울이 불그스름해지면서 자꾸만 눈을 비빈다. 그림 속 아이의 소란했던 일상이 마무리되고 이불을 뒤집어쓴 머리맡으로 훌쩍이는 물기가 그림 밖으로도 전해질 즈음, 그림책 밖 아이는 허를 찔린 것처럼 찰랑하니 눈물 한 방울을 볼 위로 쏟아낸다. 천천히 차오르던 마음에 일순간 기습을 당한 아이는 당혹스러움으로 볼을 세차게 훔쳐낸다.

그림책 표지가 아이의 얼굴이다. 검정색 머리와 노란색 얼굴. 머리카락으로 표현된 흰색 세로선은 비처럼도 묘사되면서 제목 '눈물바다'를 전면에 드러낸다. 커다랗고 동그란 눈, 그런데 두 눈에 물이 찰랑찰랑하다. 건물이 잠기고 사람과 물고기가 아우성치는 모습이 홍수라도 난 듯한 모양새다. 그런데 커다란 바나나 모양의 입은 두 눈이 표현하는 홍수 사태와는 어울리지 않게 활짝 웃는 형상이다. 아니, 비명을 지르는 입 모양의 착시 현상일까.

표지에서 점점 축소되어 작아진 아이는 표제지에 이르러 밤톨 모양의 얼굴을 하고는 독자를 올려다보며 빙그레 웃고 있다. 확연히 웃는 입이다. '바다를 이룰 만큼의 눈물과 슬픔'을 제목에서 연상하였던 독자를 일단은 안심시킨다. 결말이 슬프지는 않을 것이라고. 그렇게 독자는 표지 그림에서 느낀 아이러니와 제목에서 떠오르는 작은 심려를 단속하면서 그림책 속 글과 그림으로 들어간다.

표제지를 넘기면서 시작된 이야기 속 밤톨 얼굴의 아이는 매 순간 심기가 불편하다. 말 그대로 되는 일이 하나도 없는 하루를 견디고 있다. 시험 문제는 답을 아는 게 없다. 점심때 받은 식판은 풀투성이다. 장난은 함께 쳤는데 짝꿍의 영악함에 나만 걸려 혼난다. 때맞춰 하교 시간에 내리기 시작한 비는 그나마 참을만 했는데 교문 앞 우산 든 부모들의 대열에 저절로 몸이 작아진다. 덩달아 마음도 작아진다. 상자 하나 뒤집어쓰고 젖은 신발 치덕이며 도착한 집엔 반겨주는 이가 없다. 커다란 공룡 두 마리가 이빨과 손톱, 발톱, 기다란 혀…. 온몸의 날카로움을 앞세우고 마주보며 으르렁대고 있다.

몸이 젖은 아이는 숨어들 듯 침대로 들어가 하루를 마무리하려 한다. 그런데 젖은 건 몸만이 아니었다. 축축하게 젖어 들더니 밑바닥부터 채워지면서 점점 마음이 차오른다. 어두컴컴한 방, 네모난 창으로 엷게 뿜어져 나오는 위로의 빛 아래 아이는 이불을 뒤집어쓰고 울고 있다. "눈물이 난다. 자꾸만……. 자꾸만……." 창밖의 달도 덩달아 울상이다. 그림책을 보던 아이가 자신도 알지 못하는 무언가의 차오름으로 눈을 비벼대고 그것이 넘쳐흘러 볼을 문지르던 지점이다.

그림책 속 이야기의 반전이 시작된다. 밤새 훌쩍인 밤톨 아이는 아침이 되자 침대가 배처럼 둥둥 떠 있다는 걸 알게 된다. 눈물이 바다를 이뤄 집 안의 모든 것들이 둥둥 떠다니고 급기야 집 밖으로 넘쳐흘러 세상천지가 눈물바다가 되어 버린다. 온 세상이 때아닌 범람으로 아우성치지만 아이는 침대를 배처럼, 스키처럼 조종하며 자신이 흘린 눈물의 바다 위를 날아다닌다. 그림 속 밤톨 아이가 환호하는 표정인 것처럼 그림 밖 아이 표정도 대번 밝아지며 깔깔거리기까지 한다. 한바탕 눈물의 홍수가 지나간 자리, 밤톨 아이는 눈물에 휩쓸려 축 늘어지고 젖은 모든 것들을 끌어내어 하나하나 줄에 널고는 야무지게 집게를 집어 놓는다. 그렇게 눈물바다가 잦아들면서 밤톨 아이의 차오르던 마음도 차츰차츰 가라앉는다.

마지막 장, 넓은 여백 한가운데 작고 네모난 그림으로 이야기는 끝이 난다. 말끔히 털어낸 밤톨 아이의 모습. 한 손에 든 드라이어가 아이가 털어내야 했던 것이 무엇이었는지를 말해준다. 차오르다 못해 넘쳐흘렀던 마음들, 슬프고 억울하고 답답하고 속상하고 서럽고 아픈 감정들. 그림책 밖 아이는 마지막 장, 그림과 함께 실린 "시원하다, 후아!"라는 글을 이해하지 못한다. 눈물이 만든 바다에서 한바탕 신나게 모험을 펼치곤 다시 일상으로 돌아오는 환상 그림책 정도로 생각한 것인지 '와! 재밌었다!'가 맞지 않느냐고 반문한다. 그렇게 묻는 아이의 눈엔 이제 붉은 기가 사라지고 없다. 대신 장난기와 호기심이 가득한 원래의 아이 눈이다.

아이는 위로받지 못했던 서럽고 슬픈 감정을 그림 속 밤톨 아이에게서 발견한다. 같이 억울해하고 슬퍼한다. 그런 마음이 점점 차고 넘치더니 알 수 없는 눈물이 흐른다. 처음엔 민망하고 창피했는데 이상하게도 헐떡거리던 마음이 점점 차분해진다. '다영아, 속상하고 슬플 땐 마구마구 실컷 울어도 돼.' 처음 듣는 얘기인 듯 고개를 갸웃거리는 아이.

아이의 슬픔과 눈물을 칭얼거림으로 여기고 짜증처럼 생각하는 어른들이 여전히 있다. 울면 안 된다고, 울면 산타할아버지가 선물도 주지 않는다고 아이의 마음을 통제하면서 차오르고 넘치는 감정을 억지로 꾹꾹 눌러 담게 한다. 이유 없는 떼씀과 서러운 감정은 다르다. 눌러 담은 감정은 비대해지다 못해 마음 안에 천공을 낸다. 이제 감정은 예기치 못한 구멍으로 쏟아지게 된다. 쏟아내고 남은 자리는 공허해지고 아이는 자신을 키워갈 마음의 근력을 잃는다. 실컷 울고 나면 마음이 시원해진다는 경험이 필요하다. 아이도 어른도 모두.

그림책 면지에서 밤톨 얼굴이 사실은 눈물방울이었다는 것을 발견하게 된다. 앞면지를 도배하고 있는 눈물방울은 말 그대로 '우는 눈물'이고, 뒷면지를 채우고 있는 눈물방울은 눈물을 다 쏟아낸 후련한 '방울'이다. 아이는 수많은 눈물방울 가운데 손톱만큼 한 노란 얼굴의 주인공을 찾아내곤 으쓱한다. 이제 마음이 시원해진 아이는 그림책 뒤표지에 그려진 주인공의 웃는 표정을 따라 지으며 교실을 나간다.

서현 작가가 쓰고 그린 이 그림책을 마음이 차오르기 전에, 적어도 흘러넘치기 전에는 꼭 한 번 만나보길 권한다.

『미움』

조원희 글·그림 | 만만한책방 | 2020

미워해 본 사람은 안다. 나를 미워하는 그 사람이 지금 얼마나 고통스러운지를, 미움의 감정에 휩싸여 일상이 절룩거리고 있음을.

고요히 지나가도록

(그림책: 『미움』)

'넌 왜 그렇게 속이 좁니?' 나를 향한 비난의 말이 마음 한가운데 콕 박힌다. 길을 걷다 좁은 통로 앞에서 마음이 뒤틀린다. 서점에서 시집을 들춰보려다 길쭉한 판형에 화살촉 같던 목소리가 되살아난다. 구두의 좁은 입구로 비집어 넣은 발이 오늘따라 너무 아프다. 뱉지도 삼키지도 못하는 마음의 불편한 걸리적거림. 시원하게 내쳐버리거나 과감하게 꿀꺽 삼켜버리거나, 이도 저도 못 한다면 잊기라도 해진다면 좋을 것을 도통 사람을 가만히 놔두질 않는다. 철퍼덕 들러붙어 어디를 가든 무슨 생각을 하든 찐득거림이 불편한 마음을 각성시킨다. 소화되지 않는 거북스러움. 미움이라는 감정이 서서히 마음을 장악해 간다.

심술궂은 표정의 아이가 등장한다. 처음부터 심술궂지는 않았을 것이다. 표지 그림으로 추론해 보건대 목에 걸린 생선 가시가 원인으로 보인다. "꼴도 보기 싫어!"라고 적힌 말풍선이 생선 가시와 연결된다. 아이는 평화로웠다. 아이를 그리고 있는 크레파스의 파란색이 평화로웠을 아이의 일상을 표현하는 듯하다. 빨간색 이물질이 몸 안에 박히기 전까지는 말이다. 비난의 말이 빨강으로 표현되면서 마음에 생채기를 내는 공감각의 이미지를 불러일으킨다. 상처받은 마음은 미움이라는 부정적 감정으로 자신을 방어하면서 검정의 장막을 배경으로 드리운다.

분노를 불처럼 뿜는 빨간 얼굴의 아이가 등장한다. 표지 그림에 등장한 아이의 친구이다. 아이는 난생처음 이 친구로부터 알 수 없는 말을 듣는다. 너 같은 거 꼴도 보기 싫단다. 이유를 설명해 주지 않으니 답답하다. 처음엔 멍해지다가 점차 눈물이 쏟아질 것처럼 슬프다가 왜 자신이 그런 말을 들어야 하는지 화가 난다. 아이는 증폭되는 부정의 감정을 제어하기 어렵다. 결국 상대에게 그 마음을 반향시키기로 한다. "나도 너를 미워하기로 했어."

똑같이 돌려주면 너와 나 사이가 마음의 등거리로 공평해질 줄 알았는데, 사람의 감정은 받은 만큼 돌려주는 식으로 해결되는 것이 아니었다. 밥을 먹을 때는 가시처럼 목에 걸리고, 숙제할 때는 생각 사이로 비집고 들어온다. 놀이를 할 때도 목욕을 할 때도 내게 퍼붓던 친구의 불같던 얼굴과 말이 생생하게 떠오른다. 심지어 잠을 잘 때 끌어안은 토끼 인형조차 "꼴 보기 싫어!"라고 말하던 친구의 얼굴이 겹쳐서 쉽게 잠 못 들고 눈을 부릅뜨게 된다.

꿈속에서도 놓아주지 않는 "꼴 보기 싫어!"의 넝쿨에 갇혀 아이는 쉬지 않고 미움으로 대응한다. 넝쿨이 자라고 자라 아이의 발목을 휘감고 파리지옥으로 성장하여 아이를 잡아먹을 듯이 위협한다. 친구의 빨간 얼굴과 내뱉던 말이 또렷하고 생생할수록 아이는 더 기를 쓰고 감정으로 치받는다. 마침내 아이의 마음엔 미움이 가득 들어찬다. 미움의 감옥에 갇혀버린 것이다. 그런데 갇힌 감옥 안에서 창살을 움켜잡고 있는 아이의 표정이 허허롭다.

아이는 이상하다고 생각한다. 시원하지 않다고. 나를 싫어하는 친구에게 똑같이 미워하는 마음으로 응수했을 뿐인데 진창의 늪에 빠진 것처럼 괴롭고 허탈하다. 긁으면 덧나는 부스럼처럼 북돋울수록 마음이 더 버거워졌던 것은 아닐까. 오히려 가만히 기다리면 사라지게 되는 감정이었던 것일까.

발목에 묶인 족쇄를 뒤돌아보며 아이는 싫은 사람을 자꾸 떠올리면서 괴로워하는 일을 그만두기로 한다. "나는… 너를 미워하지 않기로 했어." 아이는 여전히 빨간 얼굴을 하고 있는 친구에게 이 말을 던지고는 총총히 사라진다. 족쇄를 떼어버리고 뛰어가는 아이의 뒷모습이 가볍고 경쾌하다. 이제 족쇄는 친구의 발목에만 채워져 있다. 안경 너머 보이지 않는 눈이 어떤 표정을 짓고 있는지 알 수 없다. 사라져 간 아이처럼 족쇄를 떼어낼 것인지, 며칠 더 끌고 다닐 것인지 고민하고 있는 것일까. 마지막 장면의 그림이다.

잔잔하던 마음에 파문을 던진 누군가의 말과 행동이 나를 분노하게 한다. 상대의 말을 수긍하고 나를 반성하기엔 순간 위축되는 감정 뒤로 반감이 치솟는다. 나를 좋아하지 않는 사람에게 호의를 베풀기 힘들고, 나를 대놓고 싫어하는 사람에게 나 역시 싫은 감정을 감추기 어렵다. 그것이 인지상정이다. 그런데 부정적인 감정은 마음을 넘어 몸까지도 지치게 만든다. 잘 알면서도 누군가를 싫어하고 미워하는 감정을 가지지 않기란 참 많이 힘들다.

누군가가 나를 공격하지만 않는다면 일생 평화로운 마음으로 지낼 수 있다고 생각했던 적이 있었다. 나 또한 상대의 마음을 공격하는 가해자가 될 수 있음을 깨달은 건 그 생각으로부터 먼 뒷날이 아니었다. 실상 미워하고 미움을 받는 건 상대도 나도 불편한 걸리적거림으로 마음이 절고, 귀찮은 찐득거림으로 마음이 지체되는 괴로움의 상황이다.

관계에서 빈번하게 벌어지는 마음의 치고받음에 대해 이 그림책은 말하고 있다. 상세하게는 미움이라는 감정을 관리하는 방법이다. 일상을 온통 잠식하는 감정의 분탕질에 휘말리는 대신 고요하게 지나가도록 그저 놓아두라고 말한다. 남을 미워하는 일에 마음을 쓰고 에너지를 소비하느라 소중한 일상을 간수하지 못한다면 결국 내 손해이고 내 어리석음을 깨닫게 될 뿐이다. 그러나 역시 쉽지 않은 일이다. 분출하는 미움의 감정을 억누르는 것은 아마도 화산 폭발을 정지시키는 일만큼 어렵게 느껴질 것이다.

억누르지는 말되 일상을 장악하도록 하지도 말자.

미워해 본 사람은 안다. 나를 미워하는 그 사람이 지금 얼마나 고통스러운지를. 미움의 감정에 휩싸여 일상이 절룩거리고 있음을. 그림책의 아이가 묻는다. "너는 지금 나를 미워하고 있을까?" 빨간 얼굴 아이의 발목에는 여전히 족쇄가 채워져 있다. 물음을 던지는 아이의 얼굴이 평화롭다. 미움이 고요히 지나가도록 내버려둔 아이의 표정이다. 친구가 어떤 마음의 결정을 내릴지 아이는 상관하지 않는다.

이 그림책은 어린아이가 그린 것 같은 투박한 크레파스 그림이 두 아이가 대치하는 감정의 표현과 잘 어우러지면서 정겹게 느껴진다. 장면 중 아이가 세로줄 무늬 옷을 입고 창살을 잡고 있는 그림은 영화 '빠삐용'을 연상시키면서 죄수와 감옥이라는 이미지를 떠올리게 한다. 미움이라는 감정의 감옥에 갇혔음을 은유적으로 표현한 작가의 숨은 메시지이다. 누구에게나 있는 감정, 따라서 아이 어른 할 것 없이 모두에게 유용한 마음 다스림 그림책으로 읽어볼 만하다.

『마음먹기』

엄지짱꽁냥소 글·그림, 자현 글, 차영경 그림 | 달그림 | 2020

마음먹고 시도한 일이 생각처럼 되어가지 않는다고 해서 내 결연함이 무색해지는 것은 아니다. 마음이 까맣게 타버리도록 놓아두지 말고 다시 새로운 '마음먹기'를 하여도 괜찮을 것이다.

마음을 먹을 결심

(그림책: 『마음먹기』)

결심이나 다짐을 우리는 '마음먹는다'고 말한다. 마음을 음식에 비유하듯 '먹는다'라는 표현을 관습적으로 사용해 왔으면서도 어느 날인가는 '마음이 먹을거리인가?' 어린아이 시선의 의문이 솟는다. 게다가 실체도 없는 '마음을 어떻게 먹을까?' 방법적인 측면에까지 생각이 미친다. 곧이곧대로 해석하려 들면 쓸 수 없는 말이다. 나는 이런 말을 생활 밀착형 언어라고 표현한다. 생생한 삶의 장면과 말하는 이의 느낌이 찰떡처럼 언어 안에 스며들어 있다. 의미는 같으나 공기 중에 던져졌을 때의 밀도는 같지 않기에 우리는 '결심했어', '다짐했어'라고 말하다가도 어느 순간에서만큼은 '마음먹었어'라는 표현으로 현재 내가 가진 마음 상태를 공고히 하려 한다.

이 그림책에서 '마음'은 먹을 수 있는 음식과 요리로 그려진다.

'먹는다'는 표현의 직관적 해석인 셈이다. 첫 장면에 등장하는 달걀프라이 모양의 주인공은 자신을 '마음'이라고 밝히며 사람들이 자신을 가지고 '요리조리'한다고 말한다. 오르락내리락 어쩔 줄 모르는 마음의 부침 상태를 '요리조리'라는 부사를 통해 '요리'의 의미까지 담아 표현한 작가의 재치에 미소가 번진다. 이렇게 보이지 않던 마음은 음식으로 시각화되고 요리로 재탄생한다. 메뉴에 나열된 음식 이름과 부제처럼 붙은 음식 설명에서도 작가의 언어유희는 이어진다. "마음진국-진심을 보여 주고 싶을 때, 마음피자-마음을 쫙 펴고 싶을 때, 마음덮밥-마음을 감추고 싶을 때…." 읽을 때 웃음이 터지면서도 재차 읽고 곱씹어 보게 하는 것이 단순 언어유희 이상으로 정서를 불러일으킨다.

그림책은 '마음이'의 시선을 통해 요리하는 과정을 보여준다. "나를 두드리기도 하고", "나를 뒤집기도 하고", "들들 볶고", "졸이고", "엄청 뜨겁게 데웠다가", "아주 차갑게 얼리기도" 한다. 여기서 '나' 대신 '마음'을 넣어 읽으면 우리의 변화무쌍한 마음 상태가 일시에 수면 위로 드러난다. '가만가만 마음을 두드렸던 때', '이전의 마음을 엎어버렸던 때', '안절부절 마음이 안정되지 못했던 때', '걱정으로 마음을 졸였던 때', '화산처럼 분노를 키웠던 때', '냉정하게 마음이 돌아선 때'처럼 각각의 마음을 가졌던 어느 시간대와 장소, 대상이 함께 소환된다. 그림책이 들려주는 글 속에서 당시에 격정을 온몸으로 부대껴야 했던 내가 설명이 된다.

제3자가 던지는 이야기는 그 내용이 품은 친밀성에도 불구하고 객관적 화법으로 인해 어느 정도의 거리를 두고 나를 돌아보게 한다. 그때와 같은 격정으로 후회하거나 아프지 않을 수 있도록 한다.

"새카맣게 태우게 되면"(마음을) 그림책은 "미련 없이 버리고 새로 시작하라."라고 말한다. 내 마음이 타서 색과 모양이 변질될 정도의 걱정과 고민이라면 내 삶에 유용하지 않은 선택이 될 수 있다. 새로운 달걀을 신선하게 터트리는 그림이 이전 장면에서 보았던 까맣게 타버린 달걀프라이와 극명하게 대조된다. 이 지점에서 독자는 그림이 상징하는 것이 음식과 요리를 넘어 그것은 분명 '마음'이라고 동조하게 된다.

화면 왼편엔 요리의 기술을 오른편엔 요리하는 그림을 일대일로 대응시키면서 그림책은 전개된다. 글은 매우 짧고 기본 도형 몇 개를 사용하여 그린 그림은 흡사 이모티콘 같다. 그래서 우리는 이 그림책을 고민 없이 쉽게 집어 들고 펼쳐볼 마음을 먹게 되는지도 모른다. '마음먹기'의 무거움은 먹고 소화가 되지 않을 우려에서 비롯된다. 해낼 수 있을지 자신이 없는 가운데 기어코 결말을 보겠다는 비장함이 '먹는다'는 말로 표현된다. 마음먹고 시도한 일이 생각처럼 되어가지 않는다고 해서 내 결연함이 무색해지는 것은 아니다. 마음이 까맣게 타버리도록 놓아두지 말고 다시 새로운 '마음먹기'를 하여도 괜찮을 것이다. 머리로는 이

해가 되는데 가슴으로는 아직 받아들일 수 없는 이야기를 그림책은 새로운 재료를 꺼내어 처음부터 요리를 다시 시작하는 것으로 표현한다.

요리가 끝난 음식들이 화면 가득 놓인다. "이제 마음을 먹어 보세요." 그림책이 정중하게 권유한다. 어떤 음식이 내 식성에 맞을까…. 둘러보며 다음 장을 넘긴다. 음식이 놓였던 자리에 그 음식을 먹은 사람의 얼굴이 그려져 있다. 표정이 제각각이다. "어떤 마음을 먹느냐에 따라 세상 사는 맛이 달라진대요." 표정이 나타내는 바는 그 사람이 먹은 마음에 따라 달라지는 세상살이 맛이다. 다른 말로 삶을 대하는 태도이자 가치관이라고 할 수 있겠다.

그림책의 판형이 크지 않아 다른 책들 사이에 숨겨지기 일쑤인 이 그림책을 바쁜 일상 가운데 가끔 찾게 될 때가 있다. 누군가의 걸음과 행동으로부터 마음의 부대낌이 느껴질 때 이 그림책을 가볍게 전달할 수 있는 방법을 고민한다. 마음은 타인이 미루어 짐작할 바도 아니지만, 정작 본인도 제대로 알고 있는 경우가 드물기에 위로나 조언이라는 명분으로 쉬이 다가갈 수 없다. 타인만이 아니라 나를 위한 '마음먹기' 재확인 또한 늘 필요하다. 그래서 이 그림책이 숨어 있는 책장을 어슬렁거리는 일이 수고스럽지 않다. 곡해 없이 재치와 해학으로 '마음먹기'를 풀어낸 이 그림책을 누구라도 펼쳐 볼 마음을 먹었으면 하는 바람이다.

『나를 괴롭히는 아이가 있어요』

아멜리 자보 글, 아니크 마송 그림 | 이정주 역 | 책읽는곰 | 2023

마음 안에서 꿈틀거리던 덩어리는 늑대가 되려는 폭력성이 아니라, 정의롭지 못한 장면에 대한 의협심과 측은함이었다. 두려움을 해소할 더 좋은 방법을 선택하기에 '샤를로트'도 나도 너무 어렸다.

더 두려운 것

(그림책:『나를 괴롭히는 아이가 있어요』)

여덟 살 때로 기억한다. 하교 전, 전날 내준 숙제를 검사받는 것이 일과의 마무리였다. 선생님은 모든 학생의 공책을 일일이 확인하는 대신 옆자리 친구에게 공책을 보여주고 서로 교차확인을 하도록 했다. 당시 한 반에 60명이 넘는 아이들이 있었으니 교사의 숙제 검사도 고된 업무 중의 하나였을 것이다. 지금 생각해 보니 아이들 간의 숙제 확인을 믿어주었던 선생님의 신뢰보다 숙제 안 한 친구를 손들고 말해야 했던 심적 불편함이 더 크게 마음에 어른거렸던 것 같다. 그날도 공책을 교환하고 옆 친구의 숙제를 확인하고 있었는데 어떤 착오에서인지 내가 두 쪽 정도를 덜 해왔다는 사실을 알게 되었다.

친구의 눈빛은 의혹에 가득 차 있었고 금방이라도 손을 들어 선생님에게 알릴 태세였다. 내 눈이 어떤 간절함과 절박함으로 호소하고 있었을지 그리고 심장은 얼마나 큰 두들김으로 온몸을 진동시키고 있었을지 몇십 년이 지난 지금도 그 두근거림이 생생하다. 내 이름을 말할 순간을 놓쳤던 것인지 애초 말할 생각이 없었던 것인지는 알 수 없지만, 친구는 나를 이르지 않았다. 긴장이 풀리고 고마움이 물밀듯 밀려왔다. 나는 '고마워….'라고 말하며 반 아이들과 선생님에게 숙제도 제대로 안 해 온 아이로 불리지 않은 데 대한 감사함을 표현하였다. 그것으로 끝난 줄 알았다.

정확히 그다음 날부터 친구의 군림이 시작되었다. 내 학용품을 마음대로 가져다 쓴다든지, 교실 뒤쪽 휴지통에 버려야 하는 쓰레기들을 멀다는 이유로 내 가방에 모두 집어넣었다. 그런 것들은 참을 수 있었다. 내 비밀, 숙제를 제대로 해오지 않은 비밀을 아무에게도 알리지 않는 것에 대한 일종의 입막음이라고 치면 되었다. 하지만 수업 도중 손을 들려는 행동을 보일 때마다 나를 이르려는 것만 같아 심장이 덜컹대고 온몸이 경직되었다. 친구의 일거수일투족을 살피느라 수업에 집중할 수 없었고, 쉬는 시간이면 누군가에게 발설할까 봐 온 신경이 곤두서곤 했다. 2학년을 마무리할 때까지 나는 그렇게 그 아이의 권력 횡포에 속수무책으로 전전긍긍하며 지냈다. 그 아이에게 권력을 쥐여준 건 다름 아닌 나였다. 그깟 숙제 몇 장 안 해 온 거, 선생님에게 이실직고하고 약간의 벌을 받으면 끝날 일이었다. 그때의 나는 뭐가 더 두려운 것인지 분간이 어려운 나이였다. 그리고 약점을 빌미로 짝꿍을 마음대로 부린 그 아이는 더 이상 친구가 아니었다.

이 그림책의 제목을 읽는 순간, 어린 시절 그 아이가 코앞으로 달려와 멈춰 섰다. 지금이라도 당장 손을 들고 '선생님, 얘 숙제 다 안 해 왔어요!'라고 일러바칠 것 같은 얼굴이다. 그 아이의 얼굴을 똑바로 마주한 적이 없어서 생김새가 기억나지 않지만, 나를 억눌렀던 불안과 두려움의 감정이 어제 일처럼 훅하고 올라온다.

'샤를로트'는 자신을 괴롭히는 짝꿍 '아녜스'가 '늑대' 같다고 생각한다. 날카롭게 솟은 두 귀로 어디든 숨어 있는 샤를로트를 찾아내고 무슨 구실이든 만들어선 뾰족한 송곳 이빨로 물어뜯기 때문이다. 괴롭힘의 흔적들은 어린 샤를로트의 몸 안에 덩어리를 만든다. 덩어리로 인해 먹고 자고 웃는 일상이 힘에 부치고 몸 어디가 아픈 것처럼 느껴지지만, 검진한 의사는 '아주 건강하다'고 단언한다. 생채기와 불안이 만들어 낸 마음속 덩어리는 나날이 커져가지만, 그 누구도 알아채지 못한다. 아침에 힘겹게 일어나서 가고 싶지 않은 학교에 끌려가다시피 등교하면서도 샤를로트는 부모님에게 말하지 못한다. 창피하고 속상하기 때문이다. 어린 시절의 나도 그랬다.

샤를로트가 왜 학교에서 괴롭힘을 당해야 하는지 글은 알려주지 않는다. 괴롭히는 무리와 당하는 아이의 그림을 보면, 체구가 작고 약해 보이며 반격하지 않을 선량한 아이를 몇 아이들이 공격하고 있다. 괴롭히는 아이가 불량한 동작으로 거친 말을 내뱉을 때 뾰족한 귀와 날카로운 이빨을 가진 형상이 아이 뒤 그림자로 표현된다. 뒤에 긴 꼬리까지 매달고 있는 영락없는 늑대의 모습이다. 욕을 하고 윽박지르며 함부로 굴수록 아녜스 무리는 더욱 의기양양한 포식자의 모습이 되어간다. 친절하게 잘 놀아주던 아녜스가 태도를 바꾸어 자신을 괴롭히는 이유를 샤를로트는 알지 못한다. 이유는 없다. 작은 아이를 괴롭히는 것이 무리에겐 재미있는 놀이일 뿐이다.

어린 시절의 내가 정작 두려운 것이 무엇인지 분간하지 못했던 것처럼, 샤를로트도 어떤 상황이 더 두려운 것인지 분간하지 못한다. 괴롭힘을 당하는 두려움으로부터 벗어나기 위해 괴롭히는 무리 속에 합류하고 싶어 하는데, 그것은 늑대가 되어 자신과 같은 작은 아이를 괴롭혀야 하는 또 다른 두려움의 시작이다. 마음속 덩어리가 사라지게 하려면 어떻게 해야 할지 샤를로트는 혼란스럽다.

아녜스 무리는 새로운 먹잇감을 포착한다. 샤를로트처럼 체구가 작고 성실한 얼굴의 아이이다. 이유 없는 악다구니에 위축된 아이를 바라본 순간, 샤를로트는 마음속 덩어리가 꿈틀거리는 것을 느낀다. 게다가 점점 커지기까지 한다. 주체할 수 없었던 샤를로트는 무리에 동조하여 욕설을 퍼붓는 것으로 힘껏 덩어리를 분출해 낸다. 이제 샤를로트는 늑대가 되어 있다. 그리고 덩어리도 사라지고 없다.

친구의 눈이 의혹으로 가득 찼던 순간, 나는 못 해 온 분량의 숙제를 인정하고 선생님에게 알려지는 두려움을 택했어야 했다. 합당하지 않은 친구의 괴롭힘을 견디고 스스로를 책망하며 심리적 불안을 겪어야 했던 것보다 훨씬 덜 고통스러우며 정의로운 선택에서 오는 떳떳한 두려움일 것이기 때문이다. 샤를로트 또한 잘못된 선택을 했다. 그때 마음 안에서 꿈틀거리던 덩어리는 늑대가 되려는 폭력성이 아니라, 정의롭지 못한 장면에 대한 의협심과 측은함이었다. 두려움을 해소할 더 좋은 방법을 선택하기에 샤를로트는 너무 어리다. 나 또한 그 시절 너무 어렸다.

다행스럽게도 그림책은 샤를로트가 자신의 마음을 제대로 이해하고 올바른 선택을 하도록 내용을 이어간다. 사라졌다고 생각한 덩어리가 여전히 몸 안에 남아있었기 때문이다. 그것은 아이의 도덕심이자 양심이다. 늑대의 무리에 일갈하고 넘어진 아이를 일으켜 세우는 당당한 모습으로 샤를로트는 새롭게 친구 관계를 만들어 간다. 그리고 이번엔 '진짜 덩어리가 사라졌다'고 그림책에서 글과 그림이 동시에 이야기한다.

그림책 속 샤를로트가 나의 기억을 더듬어가며 열심히 마음을 감당해 내는 동안 '어린 나'의 마음속에도 있었을 것으로 여겨지는 '덩어리'가 조금씩 그려진다. 그리고 아주 많은 시간이 흘렀지만, 그 덩어리가 어느 방향으로 표출되었어야 했을지 '어린 나'를 다독이며 가만가만 말 걸어 본다.

벨기에의 임상 심리학자인 아멜리 자보가 자신이 만났던 아이들의 사례를 토대로 쓴 이 그림책을 읽으며 혹시 해소되지 않은 두려움이 있다면 샤를로트를 빌어 그 시절의 나를 위로해 보기 바란다. 아녜스 역시 두려움으로부터 자유롭지 못한 아이이며 이 아이의 마음을 따라가 보는 것은 그림책을 비판적으로 읽는 과정이 될 것이다.

『블랙 독』

레비 핀폴드 글·그림 | 천미나 역 | 북스토리아이 | 2013

두려움이 나를 덮칠 것 같을 땐, '나를 따라오고 싶으면 작아져야 해.'라고 말해 보는 것이다. 내가 좋아하고 잘하는 것을 하다 보면 어느새 '블랙 독'이 내 곁에 반려견의 모습을 하고 앉아 있을지도 모를 일이다.

블랙 독과 함께 걷는 법

(그림책: 『블랙 독』)

윈스턴 처칠을 평생 따라다닌 검은 개가 있었다. 충직한 반려견이었을까. 검은 개는 전통적으로 서양에서 불길함, 두려움, 죽음을 상징한다. 때문에 용감함을 과시하려는 호기가 아니라면 의도적으로 검은 개를 키우진 않았을 것이다. 군중을 압도하는 카리스마로 역사의 순간마다 전면에 등장하는 그가 사실은 평생 우울한 감정과의 대치 속에 살았다면 믿을까. 시시때때로 엄습하는 마음의 감기를 그는 '블랙 독'이라고 빗대어 표현하였다.

'블랙 독'은 어느 날 갑자기, 아무런 이유 없이, 전조증상을 건너뛰고 등장한다. '호프' 아저씨가 아침을 먹으며 무심결에 창밖으로 시선을 돌렸을 때처럼. 집 앞엔 살아 있는 진짜 검둥개가 덩실하니 앉아 있다. 별안간 들이닥친 이 방문을 호프 아저씨는 '호랑이'만 한 크기의 두려움으로 인식한다. 가족에게 위해를 가할 것으로 생각한 그가 경찰에 신고하지만, 꼼짝 말고 집 안에 있으라는 얘기뿐 별다른 조치가 취해지지 않는다. 게다가 경찰관은 실소를 터뜨리며 아저씨의 두려움을 일축하기까지 한다.

다음으로 검둥개를 발견한 '호프' 아주머니는 '코끼리'만 하다고 인식하고, 양치질하던 '애들라인'은 '티라노사우르스'만 하다고 생각한다. 각자의 마음 안에서 두려움은 서로 다른 크기로 그들을 위축시킨다. 그들은 두려움이 집 안으로 전진하여 들어올까 무서워 문을 더욱 단속하고 행여 나를 찾아 덮칠까 불안하여 불을 끄고, 커튼을 닫고, 이불 밑에 숨는다.

사람들이 느끼는 마음의 부침이 그림책 속에서 검둥개라는 시각적 이미지로 표현된다. 두려움은 그렇게 사람들 눈앞에 실체를 드러내고 저마다 지각하는 두려움의 크기는 아직 벌어지지 않은 미래의 일을 염려하는 상상력이 보태어져 점점 부풀어간다. 누구도 이 두려움과 정면으로 마주할 엄두가 나지 않는다. 티라노사우르스만 한 몸집과 힘을 가지지 못해서일까.

놀랍게도 이 집의 가장 어린 꼬맹이가 집 밖으로 나가 보겠다고 한다. 가족들이 우왕좌왕하며 집 안에 대피처를 만들고 눈에 띄지 않게 숨을 생각을 하고 있을 때, 꼬맹이는 그 두려움이 무엇인지 만나볼 마음을 먹는다. 가족들에게 '겁쟁이들'이라고 쏘아붙이고 현관문을 나서는 꼬맹이. "머리를 우적우적 깨물어 먹히고", "뼈를 아작아작 씹어 먹힐 거"라는 걱정과 경고의 목소리가 뒤를

잇는다. 이미 문을 열고 밖으로 나선 꼬맹이와 그 뒤로 빼꼼히 얼굴을 내밀고 염탐하는 가족들의 모습을 그린 그림이 비현실적이면서 코믹하다. 가장 어린 아이에게 바깥의 상황을 맡기는 꼴이라니!

두려움을 통제하기도 전에 잡식당할 것 같은 더 큰 두려움을 그림책은 "잡아먹히는 것"으로 표현한다. 머리의 뇌 회로가 정지하여 이성적 사고를 할 능력을 잃고 온몸의 뼈가 바스러지는 듯한 마음의 몸살을 겪을 것을 지레 염려한다. 피하고 숨어 사라질 두려움이라면 집 밖의 검둥개는 그냥 두어도 괜찮다. 하지만 사라지지 않고 더군다나 계속해서 크기를 키워간다면 그림책 속의 꼬맹이처럼 적당한 호기로움이 필요하다. 어려서 두려움이 무언지 모르는 치기일지라도.

검둥개와 마주한 꼬맹이는 그 어마어마한 크기를 확인한다. 그리고 인정한다. "우아, 너 덩치가 진짜 크구나!"라고. 어린아이가 느끼는 두려움의 크기는 성인의 배 이상일 것이다. 꼬맹이 역시 잡아먹힐 두려움이 먼저 떠오르지만, 그 생각이 몸과 마음을 모두 압도하지 않도록 자신과 검둥개를 향해 천천히 노래를 부른다. "따라오고 싶으면 따라와 봐라. 따라오고 싶으면 덩치를 줄여라." 노래를 부르며 콩콩 뛰어가는 꼬맹이와 그 뒤를 쫓는 검둥개. 다리 밑과 얼음 위, 놀이기구를 지나쳐 가면서 꼬맹이는 "크기가 작아지지 않으면", "살을 빼지 않으면" 계속해서 자신을 쫓아 올 수 없을 거라고 노래한다.

공룡처럼 거대한 몸집의 검둥개와 노란 병아리같이 작은 꼬맹이가 한 장면에 그려진 그림은 그야말로 위압적이다. 검둥개의 호흡 한 번에 꼬맹이가 붕 떠서 저만치 날아가 버릴 것 같다. 그러나 우람한 검둥개를 앞에 두고 꼬맹이는 물러섬이 없다. 노란 점처럼 그려진 꼬맹이의 모습이 당차게 보일수록 늘어진 검은 털과 붉은 두 눈의 검둥개가 어쩌면 미련하게 느껴진다.

꼬맹이가 부르는 노래가 주문처럼 검둥개를 홀리며 뛰어가고 뒤쫓는 사이, 그림은 검둥개와 꼬맹이의 크기 비율을 점차 줄여 간다. 꼬맹이가 들과 강을 거치고 놀이터를 지나 다시 집 앞으로 돌아올 때쯤 검둥개는 호랑이도 코끼리도 티라노사우르스도 아닌, 그냥 검둥개만큼의 크기로 작아져 있다. 현관문을 열지 않고 작은 고양이 문을 통해 집 안으로 들어간 꼬맹이를 따라 쏙 하고 들어갈 수 있을 정도로.

그림책은 천진난만한 꼬맹이와 두려움의 상징인 검둥개의 경주를 한낮의 놀이처럼 여유롭고 따뜻하게 표현한다. 쫓고 쫓기는 관계이지만 잡아먹겠다는 포악함과 잡아먹힐 불안이 떠오르지 않는다. 꼬맹이는 가끔 뒤를 돌아보며 검둥개가 잘 따라오고 있는지 확인하기까지 한다. '검둥개야 나랑 친해지고 싶니? 그럼, 날 잘 따라와야 해.'라고 말하는 듯하다.

두려움 앞에 용감하고 씩씩하게 대적해서 헤쳐 나가야 한다고 이 그림책을 해석하게 되면, 두려움은 여전히 두려움으로 남고 용감하지 못한 자신만 책망하게 된다. 그림책은 두려움을 유인하면서 잘 길들여 크기를 줄여가도록 하는 실질적인 방안을 제시하고 있다. 놀랍도록 잘 표현된 그림으로.

꼬맹이가 검둥개의 목덜미에 팔을 두르고 껴안은 자그마한 그림이 너무도 사랑스럽다. 그림이 작아 흰 여백이 더욱 두드러지는 이 마지막 장은 커다랗던 두려움이 여백으로 사라져 버리고 대신 친구로 남은 '블랙 독'의 모습을 보여준다.

처칠은 시시때때로 찾아오는 '블랙 독'과 친구가 되는 방법을 스스로 찾아내고 실천하였다. 그림 그리기와 집필이 '블랙 독'의 크기를 줄여주면서 한편으론 그의 숨겨진 재능을 갈고닦을 수 있도록 하였다. 노벨문학상 수상의 근원이 '우울'이었다니, '블랙 독'은 어떻게 다스리는가에 따라 친구가 될 수도, 영원한 두려움이 될 수도 있다는 것을 깨닫는다.

"피할 수 없다면 즐겨라."까지는 아니더라도, 피할 수 없다면 까짓것 친구로 만들어 잘 데리고 다니는 방법을 찾아보는 것은 어떨까. 두려움이 나를 덮칠 것 같을 땐 그림책 속 꼬맹이처럼 말해보는 것이다. '나를 따라오고 싶으면 작아져야 해.'라고. 내가 좋아하고 잘하는 것을 하다 보면 어느새 '블랙 독'이 독자의 곁에 반려견의 모습을 하고 앉아 있을지도 모를 일이다.

1) 어른이 만들어준 이름표, 착한 아이: 그림책 『착해야 하나요?』

2) 가장 설레는 꿈, 어른이 되는 꿈: 그림책 『난 커서 어른이 되면 말이야』

3) 작은 이들을 위한 토닥임: 그림책 『괜찮을 거야』

4) 식탁이 있는 정경: 그림책 『우리 집 식탁이 사라졌어요!』

5) 각자의 세상: 그림책 『세상』

6.
아이와 눈을 맞출 때

『착해야 하나요?』

로렌 차일드 글·그림 | 장미란 역 | 책읽는곰 | 2021

착한 행동이 착한 아이의 의무로 부과되어 의도와 자발성을 들여다보지 못한다면 아이는 자신이 한 행동에 대해 어떤 의미도 찾을 수 없다. 이때 아이에게 착한 행동은 의무를 넘어 책임이 되어 버린다. 하지 않으면 제재를 받는.

어른이 만들어준 이름표, 착한 아이

(그림책: 『착해야 하나요?』)

'착해야 하나요?' 도발적인 물음에 잠시 주춤해진다. 장난기 많은 아이의 의뭉스러운 물음 같기도 하고, 어떤 답을 들려줄지 어른의 마음을 떠보는 것 같기도 하다. 제목 위로 시선을 이동하면 혀를 내밀고 있는 여자아이와 딱 눈이 마주친다. 보란 듯이 착하지 않은 행동을 하고 있는 아이. 설거지 중인 엄마는 아이의 반대편으로 시선을 두고 있다. 아이의 행동을 외면하려는 것일까. 아니면 엄마의 시선이 다른 곳을 향할 때 슬쩍 등장하여 깜짝 장난을 치고 사라지려는 순간인 것일까. 여러모로 궁금증이 기웃거리는 표지이다.

설거지 중인 엄마의 그림이 본문으로 이어지고 "유진 크라우스는 착한 아이였어요."라는 글로 이야기가 시작된다. 다음 장을 펼치면 '유진'이라는 남자아이가 등장하고 착한 아이로서의 행적이 그림과 글로 나타난다. 가장 싫어하는 채소인 브로콜리를 남김없이 먹고, 화장실에 다녀올 때마다 비누로 손을 씻으며, 떼를 쓰지 않고 잠자리에 들고, 토끼장 청소도 빠지지 않는다. 번갈아 가며 청소하기로 한 동생 '제시'는 늘 깜빡 잊는데도 말이다. 이쯤에서 표지의 여자아이가 제시였음이 밝혀진다. 이어지는 이야기에서 동생 제시는 착한 아이가 아니라고 선을 긋고 있으며 그림 속 제시의 행동들도 유진과는 정반대이다. 그런데 유진이가 '착한 아이였다'는 과거형의 표현이 마음에 거슬린다.

토끼가 뛰어놀 수 있도록 토끼장을 청소하는 일 말고는 그다지 하고 싶지 않은 일도 묵묵히 참아가며 해내던 유진이다. 그런 유진에게 부모님은 착한 아이 배지를 달아주며 유진 스스로도 그 사실을 늘 기억하도록 한다. 착한 아이 인증인 셈이다. 그런데 유진의 마음속에 불만이 싹트기 시작한다. 동생 제시는 브로콜리를 먹지 않아도, 밤늦게 깨어 있거나, 초콜릿 과자를 맘껏 먹어도 어른들의 제지를 받지 않는다. 착한 아이가 아니기 때문에 착한 행동을 하지 못하는 것이라고 둘러대면서 어른들은 체념이나 포기로 제시의 나쁜 행동을 간과한다. 그러면서 착한 아이 인증을 받은 유진이 착한 행동을 하는 것은 당연하다고 여긴다. 유진은 생각한다. "착한 아이가 되어 봤자 좋을 게 뭐람?"

'착해야 하나요?' 이 물음은 유진이 던지는 궁금증이다. 착한 아이로 산다는 건 참아야 할 것, 지켜야 할 것투성이다. 착한 아이 배지는 자랑거리가 될 수는 있을지언정 뿌듯한 보상으로는 큰 의미가 없다. 오히려 배지를 다는 순간, 착한 아이가 아닌 행동은 절대 하면 안 된다는 굴레에 갇힌다. 착한 아이여서 좋은 점이 없다면 나쁜 아이가 되어도 상관없을 것 같다. 아니, 그동안 참아왔던 것들을 마음대로 할 수 있으니 나쁜 아이가 되는 편이 훨씬 나을 것 같다. 유진은 착한 아이 배지를 떼어내 버린다.

이 그림책에서 화자는 객관적 서술자로서 이야기를 전개하는 한편, 위치를 바꾸어 그림책 밖에서 이야기를 부연 설명하거나 독자의 생각을 묻기도 한다. 글 텍스트 내에서 이는 검정과 빨간색으로 구분되며 주로 그림 하단에 배치된 빨간색 글이 매체 밖 화자의 목소리이다. 독자는 이 목소리를 통해 이야기의 세부적인 내용을 확인하고 또 목소리가 던지는 물음에는 '그러게요'라는 대답을 웅얼거리게 된다. 착한 아이의 딜레마에 빠진 유진의 이야기 속에 더욱 몰입하도록 하는 장치이자 작가의 전략이다.

착한 아이가 되어 봤자 좋을 것이 없다는 유진의 생각 아래에는 "아마 여러분도 이런 생각을 하고 있었을 거예요."라며 독자의 공감을 확인하는 목소리가 달려있다. 배지를 떼어 버린 후 브로콜리를 먹지 않고, 손을 씻지 않고, 토끼장 청소를 하지 않은 유진의 행동 아래에는 "왜 꼭 해야 하지요?"라며 독자에게 착한 행동의 의미를 묻는다. 적극적인 상호작용을 시도하는 화자의 목소리로 인해 독자는 유진의 행동에 더욱 집중하고 나름의 생각에 골몰하게 된다.

나쁜 아이가 되기로 한 유진은 불만이 사라졌을까. 사라진 불만 대신 체한 듯 답답함과 좋지 않은 기분이 들어앉는다. 방치한 토끼장은 토끼가 뛰어놀지 못할 정도로 지저분해져 있다. 착한 행동 목록 중 토끼장 청소만큼은 유진이 기꺼이 하던 일이었다. 나쁜 아이가 되었다고 해서 토끼장 청소를 안 할 이유는 없다. 덤덤히 토끼장을 청소하는 유진. 깨끗해진 토끼장과 뛰어노는 토끼가 유진의 답답한 마음을 조금은 위로해 주는 듯싶다. 그동안 대신 청소해 주어 고마웠다는 제시의 말에 "착하다는 말을 듣고 싶어서 청소한 거 아니야, 토끼가 뛰어놀라고 그런 거야."라고 대꾸하는 유진.

착한 아이여서 당연히 해야 하는 일로 사람들이 생각한다면 그 일을 흔쾌히 여기는 개인의 자발적 선택과 과정은 묻히게 된다. 착한 아이라는 인정이 아니어도, 착한 행동을 하는 아이들이 많다. 착한 행동이 착한 아이의 의무로 부과되어 의도와 자발성을 들여다보지 못한다면 아이는 자신이 한 행동에 대해 어떤 의미도 찾을 수 없다. 이때 아이에게 착한 행동은 의무를 넘어 책임이 되어 버린다. 하지 않으면 제재를 받는.

"착한 아이라고 해서 늘 착할 수만은 없어. 그래도 착한 일을 하면 기분이 좋아지는 것 같아." 유진은 나쁜 아이가 된 시점에서 착한 행동인 토끼장 청소를 통해 그 행동의 의미를 이해하게 된다. 그리고 자신에게 부과된 착한 아이라는 인증과 착한 행동과의 사이에서 자신이 드러나는 방식을 선택한다. 착한 아이니까 브로콜리를 먹어야 하고, 착한 아이가 아니라서 안 먹는 거라는 부모님의 이야기에 "우린 착한 아이가 아니에요."라고 결연히 말하는 유진. 이에 "나쁜 아이도 아니고요."라고 덧붙이는 동생 제시. 그림책 밖 화자는 빨간색 글로 "그래요, 시키는 대로만 하는 착한 아이 노릇은 그만둬요."라며 유진과 제시를 응원한다.

이 그림책은 그림이 감각적이다. 작가 특유의 콜라주 기법을 이용한 그림으로 인물의 옷과 배경의 패턴 표현에서 디자인적 요소를 느낄 수 있다. 그리고 인물의 표정이 장난기 가득하면서도 사뭇 진지하게 표현되었다. 이야기는 어른들에 의해 착한 아이, 나쁜 아이로 규정지어지고 행동의 목록이 정해지는 것에 대해 두 아이가 의문을 제기하면서 전개된다. 착한 아이와 나쁜 아이의 양극에서 아이들은 혼란스럽다. 착한 아이니까 착한 행동을 해야 하는 것인지, 착한 행동을 해서 착한 아이인 것인지 그 모호함을 뚫고 적극적으로 질문한다. '착해야 하나요?' 이 질문에 '그럼, 당연하지.'라고 답을 한다면 아이들은 다시 한번 물어올 것이다. '왜 착해야 하나요?' 이 질문에 다정하고 성실하게 답해 줄 수 있는 어른인지 스스로 돌아보는 그림책 읽기가 되기를 바란다.

『난 커서 어른이 되면 말이야』

다비드 칼리 글, 줄리아 파스토리노 그림 | 엄혜숙 역 | 나무말미 | 2022

자고 일어나면 여전히 아이인 자신을 발견하겠지만 아이들은 실망하지 않을 것이다. 어제 미처 떠오르지 않았던 더 많은 '할 일'과 '될 것'을 마저 상상할 수 있어서 다행이라고 여길지 모른다.

가장 설레는 꿈, 어른이 되는 꿈

(그림책: 『난 커서 어른이 되면 말이야』)

꼬꼬마 시절에는 할 수 없는 것이 너무 많다. 해선 안 되는 행동, 먹으면 안 되는 음식, 가선 안 되는 장소, 보면 안 되는 영화, 들어선 안 되는 말 등…. 안 된다고 하면 더 호기심이 생기는 게 인지상정이다. 이 모든 걸 마음대로 할 수 있는 때가 언제일까. 아이가 바라보는 어른은 키가 크고 힘이 세다. 나보다 아는 것이 많으며 웬만한 문제는 바로 해결할 수 있다. 돈을 벌 수 있고 그 돈을 자유롭게 쓰는 것이 가능하다. 아이들은 무제한의 조건을 가진 존재로 어른을 바라본다(물론 환경에 다라 어른에 대해 다른 생각을 가진 아이도 있겠지만). 아이들은 그래서 어른을 꿈꾼다. 어른이 된 나를 기대한다.

제약으로 하지 못했던 것에 대한 꿈을 꾸기도 하지만, 아이들은 타고난 상상력으로 어른에 대한 꿈을 꾼다. 책이나 미디어 등의 매체를 통해서, 만났던 인상 깊은 사람들을 통해서, 자연과 함께 어울리는 경험을 통해서 아이들은 세상에 대한 인식의 범위를 넓혀간다. 마음을 일렁이게 하는 것과 대면했을 때, 곧장 상상의 날개를 펼치고 원하는 시간과 장소로 날아갈 수 있는 것도 아이들의 특권이다. 그곳에서 몇 시간씩 되고픈 것, 하고픈 일을 실컷 즐기고서 저녁밥 때 무렵 돌아올 즈음엔 마음이 충만해져 있다. 그러곤 생각한다. '진짜 어른이 되면 이 모든 걸 진짜로 다 할 거야!'라고.

영화에 나온 말 탄 사람이 멋져 보여 어른이 되면 카우보이가 되고 싶다. 말을 탄 나를 상상하니 맹수인 호랑이도 겁날 것 없게 느껴진다. 그렇다면 호랑이 사냥꾼도 되어보지 뭐. 호랑이를 상상하니 따라오는 동물들이 눈에 그려진다. 그런데 캥거루 주머니가 고장 나면? 펭귄이 감기에 걸려 춥다고 하면? 거북이 등딱지가 깨지면? 꽃게 다리가 부러지면? 뜬금없이 이어지는 걱정에 수의사가 되기로 한다. 마침 눈에 들어오는 멋진 탱크 사진을 보고 있자니 돌연 탱크를 모는 사람이 되고 싶다. 차라면 뭐든 자신 있다. 그럼, 우리 학교 스쿨버스도 몰아 볼까?

황금 왕관을 쓰고 바닥을 쓸 만큼 넓은 폭의 드레스를 입은 공주가 되고 싶다. 하지만 공주로 우아하게 살고 싶지만은 않다. 비행기를 몰고 하늘도 날고 싶다. 어쩌면 세상 어디든 갈 수 있는 전용 비행기를 살지도 모르겠다. 우리 반 상냥한 선생님을 떠올리니 선생님도 되고 싶다. 선생님이 들려주셨던 교과서 밖 세상 이야기가 생각나면서 탐험가가 되고 싶어진다.

두 명의 아이가 등장한다. 어른이 되면 하고 싶은 일에 대해 때론 '될 것'이라고 강하게 주장하는 일에 대해 생각의 줄기를 키워간다. 하지만 생각과 생각 사이에는 논리적 연결성이 없다. 아이의 생각은 갑자기 급점핑하여 표현된다. 카우보이에서 호랑이 사냥꾼으로, 다시 수의사로 넘어가는 아이의 꿈 표현에 독자는 '그저 머리에 떠오르는 대로 되고 싶어 하는구나'라고 오해할 수 있다. 실제 글은 "난 커서 어른이 되면 카우보이가 될 거야.", "그리고 호랑이 사냥꾼도 될 거야.", "어쩌면 수의사가 될지도 몰라."라고만 적고 있다. 카우보이와 호랑이 사냥꾼, 그리고 사냥꾼과 수의사 사이에 있었을 징검다리 사고를 풀어헤치는 건 아이의 상상력을 쫓아가는 독자 상상력의 몫이다.

지금까지 아이들의 꿈이 생각의 줄기를 타고 상상의 가지를 키워나간 것이었다면, 이후의 장면에서는 아이들이 생각하는 어른에 대한 상이 꿈으로 표현된다.

아이들은 호기심을 실행해 볼 수 있는 '자유'로운 인간으로서 어른을 꿈꾼다. 뭐가 있는진 모르겠지만 무조건 위로 위로 올라가 보고 싶다. 그리고 가장 깊은 아래로 아래로도 내려가 보고 싶다.

아이들은 뭐든 할 수 있는 '전지전능'한 인간으로서 어른을 꿈꾼다. 악을 정복하고 세계를 구원하는 슈퍼히어로가 되고 싶고 이 세상의 모든 언어를 익히며 모든 곳을 구석구석 여행하고 싶다.

아이들은 온 세상의 주목을 받는 '중요한' 인물로서 어른을 꿈꾼다. 국가를 통치하는 대통령이 되거나 모든 사람의 사랑을 받는 록 스타가 되고 싶다.

아이들은 특정 분야에서 '최고'의 기량을 발휘하는 인간으로서 어른을 꿈꾼다. 축구 챔피언이 되고 싶고 유명한 예술가가 되고 싶다.

되고 싶은 인물, 하고 싶은 일을 정했으니 이제 어른만 되면 되었다. 그런데 어른은 언제 되는 것일까? 두 아이가 고개를 한껏 치올려 엄마, 아빠에게 묻는다. 그림으로 표현된 아이와 어른은 키와 몸집에서 10배는 차이가 있다. 그 차이를 설명하듯 아직은 어른이 아니라고, 어른이 되려면 시간이 좀 걸린다는 대답이 돌아온다. 아이들은 의기소침해지지 않는다. 아직은 아니지만 반드시 어른이 될 것이고 좀 걸린다는 시간이 내일일 수도 있다고 생각한다. "어쩌면 오늘 밤 12시에 어른이 되어 있을지도 몰라. 그럼 우리, 밤 12시까지 깨어 있자!" 아이들의 상상력이 귀여워지는 장면이다. "난 내가 어른이 되는 그 순간을 진짜 보고 싶어." 아이들의 기대가 순수하게 느껴지는 장면이다. 꼭 마주하겠다는 강인한 의지도 느껴진다. 몇 배는 크게 확대되고 검정의 일관된 색을 벗어난 짙은 보라색 글을 통해 아이들은 외치고 있다.

마지막 장면은 양면펼침으로 그림이 표현되어 있다. 노란색 바탕 위에 한가득 아이들의 꿈이, 실현된 꿈이 그려져 있고 오른편 하단에 이 꿈을 꾸고 있는 두 아이가 있다. 아이들은 12시까지 깨어 있지 못하고, 어른이 되는 순간을 보지 못하고 잠이 들어 버린 것일까. 잠을 자는 아이들의 얼굴에 미소가 스민 것을 보니 아마 꿈속에서 어른이 된 자신을 만나고 있는 듯하다. 자고 일어나면 여전히 아이인 자신을 발견하겠지만 아이들은 실망하지 않을 것이다. 어제 미처 떠오르지 않았던 더 많은 '할 일'과 '될 것'을 마저 상상할 수 있어서 다행이라고 여길지 모른다.

그림 작가가 분명히 표지에 기재되어 있는데, 아이들이 그린 그림으로 그림책을 만든 것 같다. 어른이 아이처럼 그림을 그릴 수 있는 것도 재능일 것이다. 아이의 머릿속을 들여다보듯 아이의 생각과 그 너머의 상상력까지 아이가 크레파스를 손에 쥐고 그리듯 표현한 그림에 감탄하게 된다. 독자가 아이의 생각 줄기를 상상해 볼 수 있도록 설명을 나열하지 않은 글 또한 탁월하다.

꼬꼬마 시절, 내가 상상하고 기대한 어른이 나는 되어 있는가. 우리 아이들은 그림책 속 아이들처럼 어른에 대해 행복한 기대를 하며 꿈을 꾸는가. 독자 또한 그림책을 덮을 때 이 두 가지 물음이 뒤따라오는지, 나의 답은 무엇인지 생각해 보는 그림책 읽기가 되길 바란다.

『괜찮을 거야』

시드니 스미스 글·그림 | 김지은 역 | 책읽는곰 | 2020

'너'에 대한 믿음과 '괜찮을 것'이라는 자기예언적 혼잣말이 어딘가에 있을 또 다른 미약한 존재와의 교감으로 이어지면서 도시 속 '작은 이'들은 공존의 힘을 얻는다.

작은 이들을 위한 토닥임

(그림책: 『괜찮을 거야』)

시골쥐가 설레는 기대감을 안고 서울에 처음 당도하던 모습을 기억하는가. 있는 힘껏 고개를 치켜올려도 가늠할 수 없는 높이의 고층 건물과 파도처럼 밀려왔다 밀려가는 사람들의 물결. 이 장면을 지면에 다 담을 수 없어 조그만 시골쥐와 그 옆을 오가는 사람들의 다리만 빼곡히 그려 넣은 그림도 기억난다. 작디작은 시골쥐는 하늘이 보이지 않는 울창한 도시의 밀림 속에 잘못 발을 들여놓은 탐험가처럼 경외심과 공포감이 가득한 눈으로 이 모든 것들을 올려다보고 있다. 그림책 『괜찮을 거야』를 덮고 나서 떠오른 『서울쥐와 시골쥐』의 한 장면이다.

도시를 구성하는 모든 것들은 우리의 감각을 압도한다. 땅으로부터 하늘까지 솟아오른 건물들이 우리의 보는 능력을, 문명의 온갖 소리가 우리의 듣는 능력을, 알 수 없는 것들로부터 풍겨오는 향이 우리의 냄새 맡는 능력을, 생각을 초월한 다양한 기자재와 상품들이 우리의 촉각 능력을, 기발한 조합의 음식들이 맛을 감지하는 우리의 미각 기능을 압도한다. 이전에 없던 것들이 계속 양산되는 도시에서 사람들은 감각이 더욱 예민해지거나 혹은 무뎌지거나 둘 중 하나의 상태가 된다. 도시에 머문 지 오래되지 않은 존재들은… 아직 감각이 너무 예민하다.

하얀 눈발이 흩날리는 차창으로 반대편 건물과 도로의 차들이 비친다. 겨울이 온 도시. 상기된 얼굴의 아이는 고개를 약간 숙이고 앞을 응시하고 있다. 아이의 겨울이 무언가의 이유로 더없이 춥다고 근심 서린 눈이 말한다. 그래서 차창 아래 '괜찮을 거야'라는 글(제목)은 근심하는 아이가 새롭게 다잡은 마음처럼 느껴진다.

아이가 버스로 이동하는 장면이 일곱 컷의 그림으로 표현되고 버스에서 내린 아이는 거대한 도시 속 아주 자그마한 존재가 되어 버린다. 풍경은 어떤 것이 배경이고 전경인지 구분할 것 없이 펼쳐진 그림 자체로 도시를 설명한다. 그리고 여기서 그림책이 첫 말문을 틔운다. "나는 알아. 이 도시에서 작은 몸으로 산다는 게 어떤 건지." 고층 빌딩과 각양의 차량, 오가는 사람들 무리 가운데 아이는 존재의 미약함을 이렇게 나직이 읊조린다.

걸어가는 길마다 도시는 아이에게 호의적이지 않은 모습을 보인다. 복잡하고 바쁜 도시의 혼란스러움이 아이의 예민한 감각을 건드리고 아이는 자신에게 다짐하듯 혼잣말을 한다. "너는 괜찮을 거야."라고. 건물 외벽에 비친 중첩된 아이의 모습은 휘청거리는 감각의 표현이다.

복잡한 도심을 빠져나온 아이는 보폭이 넓어진다. 그리고 계속해서 혼잣말을 이어가며 자신에게 길 안내를 한다. "골목길로 가는 게 더 빠를 거야.", "나라면 이리로 오지 않을 거야.", "숨기 좋은 곳도 많아." 마치 무서운 상황에서 무섭지 않다고 자기 암시를 하는 것처럼 아이는 도시의 길을 잘 헤쳐 나갈 수 있다고 자신에게 끊임없이 타이른다. 아니, 타이르고 있다고 생각했다. 그러다 어느 순간… 아이의 혼잣말이 어떤 대상을 향한 걱정과 우려의 목소리라는 것을 알게 된다.

"저 아랫동네 생선가게 주인들은 좋은 사람이야. 네가 달라고 하면 아마 생선도 좀 줄걸.", "가시덤불이 있어. 털이 덤불에 걸릴지도 몰라." 이 장면에서 주황색 자그마한 종이가 가게 문과 철조망에 붙어 있는 것을 확인하게 된다. 그리고 다음 장은 기둥에 주황색 전단을 붙이고 있는 아이의 모습이다. 아이는 잃어버린 고양이를 찾고 있다! 그사이 날은 더 추워져 눈발이 바람의 방향을 따라 흰색의 기다란 줄을 연신 그려낸다.

발이 푹푹 빠지는 눈길과 휘몰아치는 눈바람에도 아이는 꿋꿋이 전단을 붙이며 잃어버린 고양이를 향해 애틋하게 속삭인다. "집은 안전하고 조용해. 그러니까 지금 바로 돌아와도 괜찮아." 어딘가에서 고양이가 겪고 있을 추위와 배고픔이 거세게 휘몰아치는 눈발 속에서 느껴지는 듯하다. 아이는 그 자리에 꼿꼿하게 서서 눈바람에 대항하며 고양이의 애처로운 상황을 깊게 염려한다. 눈은 아이를 파묻어 버릴 기세로 쏟아져 내린다.

집으로 돌아가는 길 어귀에 아이를 마중 나온 엄마가 있다. 오랜 걱정 끝에 무사히 돌아온 아이를 엄마는 꼭 끌어안는다. 글은 이렇게 이야기한다. "하지만 나는 너를 알아. 너는 괜찮을 거야." 이제 이 글은 아이가 고양이에게 하는 말이자 엄마가 아이에게 하는 말임을 이해하게 된다.

주인 잃은 고양이가 혼자 떠돌아다니기에 도시는 너무 많은 위험을 품고 있다. 도시가 한꺼번에 움직일 때, 고양이가 가진 탁월한 감각 능력은 자신을 보호하고자 더욱 예민해지면서 이것이 오히려 두려움과 공포를 불러온다. 민첩하고 놀라운 점프력에도 수많은 차들을 비껴갈 수 없고, 온갖 소음은 청력을 지나치게 자극한다. 빠른 속도의 움직임과 이동, 정체불명의 냄새가 고양이의 눈과 코를 현혹하면서 동시에 교란한다. 작은 고양이는 도시 속에서 불안정한 존재이다.

도심을 헤쳐 나가면서 아이는 직감한다. 지금의 이 경험과 이 감정이 작은 동물 고양이에게도 똑같았을 것이라고. 작은 아이의 눈높이에서 바라본 세상은 고스란히 작은 동물이 겪었을 세상으로 이어진다. 성인에 적절하도록 설계된 도시에서 작고 미약한 존재는 적절하지 않은 상황을 자주 경험하게 되고, 그럴 때마다

'괜찮을 거야'라며 다독임으로 서로 연대한다. '너'에 대한 믿음과 '괜찮을 것'이라는 자기예언적 혼잣말이 어딘가에 있을 또 다른 미약한 존재와의 교감으로 이어지면서 도시 속 '작은 이'들은 공존의 힘을 얻는다. 그리고 '작은 이'들의 경험을 앞서 한 성인의 격려에는 애정과 따뜻함이 담뿍하다. 그들 역시 과거의 어느 시간대에는 '작은 이'였으므로.

겨울 어느 날의 도시를 그림책은 담고 있다. 아이가(고양이가) 느끼고 있을 두려움이 도시의 구석구석 사물과 화면의 프레임에 검정의 거친 선으로 표현된다. 아이에게 다가오는 도시의 심리적 색깔은 검정이다. 어디에서 튀어나올지 모르는 위험을 싸고 있는 검정 장막이다. 그럼에도 이 그림책은 우울하거나 슬프지 않다. 오른쪽 장면에서 덮쳐 오는 눈보라의 기세를 왼쪽 하단에서 정면으로 맞서는 아이는 고개를 숙이고 있지 않다. '내가 괜찮다면 어딘가에 있을 고양이도 괜찮을 것'임을 믿기 때문이다. 이 믿음은 아이를 기다리는 엄마에게도 전해진다.

도시의 풍요로움과 아름다움에 대해서만이 아니라, 혹시 모를 두려움에 대비해 '괜찮을 거야'라고 서울쥐가 한마디 얹어주었다면 어땠을까라는 생각을 해본다. 어쩌면 서울쥐는 자신도 작은 존재이면서 약함을 감추고 겉으로만 강한 척, 도시에서 잘 살아가는 척 애쓰고 있었던 것이 아닐까. 그렇다면 서울쥐에게도 '괜찮다'는 한마디를 얹어주어야겠다.

꼬꼬마 시절 시골쥐와 똑같은 시선으로 위를 올려다보며 가슴 콩닥거리던 추억이 이 그림책으로 되살아난다. 그 시절 마음의 부침이 많았던 나에게도 '괜찮을 거야'라고 따스하게 토닥여 주고 싶다.

『우리 집 식탁이 사라졌어요!』

피터 H. 레이놀즈 글·그림 | 류재향 역 | 우리학교 | 2022

기계에 잠식되는 하루에서 벗어나 인간적인 일상과 즐거움 안으로 기계를 들여오는 방식의 전환이 필요한 시점이다. 아직 어린 우리 아이들이 가짜 즐거움에 현혹되기 전에 말이다.

식탁이 있는 정경

(그림책: 『우리 집 식탁이 사라졌어요!』)

테이블처럼 생긴 미니어처가 손바닥 위에 올려져 있다. 말끄러미 들여다보는 아이의 표정이 썩 밝아 보이지 않는다. 자그마해져 가다 감쪽같이 사라져 버릴 것인가. 제목을 훑고 얼른 책을 뒤집는다. 아니나 다를까. 의자만 덩그러니 놓여 있고 테이블이 있어야 할 자리에 아이의 그림자가 길게 늘어져 있다. 허리춤에 손을 딛고 선 아이는 무슨 생각을 하고 있을까.

'바이올렛'은 테이블이 그립다. 그 테이블은 가족과 일상을 공유하던 식탁이었다. 가족을 모두 앉힐 수 있을 만큼 넓고 큰 식탁에서 많은 일들이 펼쳐지고 만들어졌다. 장을 보고 음식을 만들고 상을 차리는 과정이 흩어지며 분담되었다가도 완성된 음식을 먹는 장면은 늘 식탁에 둘러앉아 함께하는 것으로 귀결되었다. 하루 여정의 종착지처럼 식탁은 가족 모두를 모이게 하는 마법의 탁자였다. 음식을 나누며 일과를 보고하고 생각을 전달하며 의견을 덧붙인다. 그러면서 보지 못하고 느끼지 못했던 가족의 하루에 심정적으로 관여하며 위로하고 지지하였다. 그렇게 식탁을 중심으로 가족의 이야기가 하루하루 앨범처럼 쌓여갔었다. 그랬던 식탁이 이제 사라지려 한다.

바이올렛의 기억 속에 가족과 함께했던 시간들은 사과 한 알, 수저 세트, 식탁 위를 밝히던 촛불 등의 사물조차 너무도 선명한 색상으로 사진 찍히듯 저장되어 있다. 색깔은 그날 느꼈던 마음이자 곁에 있었던 가족의 따뜻함을 표현한다. 그래서 원래의 재료가 무엇이든 식탁마저 분홍색인 것이다. 가족 구성원과 사물의 특징을 살려 고유의 색상으로 잘 칠해진 또렷한 그림이 마치 컬러사진 같다. 앨범 속 사진을 늘려가길 기대하는 독자의 바람대로 다음 장에서도 컬러 그림이 이어지면 좋으련만.

가족이 모이지 않는 휑한 식탁의 모습을 그림은 흑백으로 표현한다. 더 정확히 말하면 남색으로 젖어드는 바이올렛색이다. 왠지 더 쓸쓸하게 느껴진다. 주인공 여자아이의 이름이 바이올렛인 것은 작가의 의도적인 작명임이 분명하다. 예쁘게만 불리었을 이름이 혼자 쓸쓸하게 앉아 식사하는 아이의 모습과 남보라색으로 채색된 그림에서 이중의 정서를 느끼도록 하고 모순을 감지하게 한다. 아이는 바이올렛이라는 예쁜 이름만큼이나 행복하고 즐거운 나날을 보내야 한다고… 독자는 생각한다.

가족을 모이게 했던 식탁의 마법 능력이 사라져 버린 것일까. 바이올렛의 옆과 앞자리에 앉아 있어야 할 가족들은 어디에 있는 것일까. 비어있는 자리가 오래되어 부재의 무거움이 식탁을 땅 밑으로 꺼져버리게 한 것일까.

바이올렛의 가족들은 각자 다른 누군가를 만나고 새로운 즐거움을 만끽하느라 가족, 그리고 식탁에서의 일상이라는 정서를 잊었다. TV 속 세상을 감상하고, 휴대전화 너머 타인과 대화하며, 인터넷 바다에서 게임의 튜브를 타고 유영하는 사이 가족은 점점 잊혀 간다. 실상 혼자여도 즐김과 나눔이 가능한 세상이 되었다. 가족들에게 식탁 이상의 유희거리가 생긴 것이다. 그 세계에 아직 접속하지 못한 바이올렛만이 유일하게 식탁의 추억을 상기하며 그리워할 뿐이다.

가족의 방을 기웃거린다. 바이올렛에게 시선을 주지 않는 것보다 기계에 몰입되어 즐거운 표정을 짓는 모습이 더 서운하다. 그리고 바이올렛은 몹시 외롭다. 혼자 앉는 식탁이 나날이 작아지는 과정은 바이올렛의 외로움과 심리적 위축을 표현한다. 점점 작아지던 식탁은 표지에서 보였던 것처럼 바이올렛의 한 손에 들어오더니 급기야 흔적도 없이 사라져 버린다. 쓸모없어진 식탁의 제거는 바이올렛을 제외한 가족 모두의 마음속에서 이미 진행되고 있었던 것이다.

사라진 식탁을 다시 제자리로 되돌려 놓기 위한 바이올렛의 고군분투가 시작된다. 그림책은 이를 가족들이 모두 모여 새로운 식탁을 제작하는 것으로 그린다. 여기서 가족들이 아무런 이의 제기 없이 모여들어 식탁을 만든다는 설정은 개연성이 없다. 영리한 작가는 바이올렛에게 전략을 귀띔한다(물론 이 내용이 그림책에 있는 것은 아니다). 가족들이 애용하는 매체로부터 식탁 제작의 방법을 검색하도록 하고 각자 역할 분담하여 새로운 식탁을 완성하도록 한다. 가족들이 불평불만하지 않으면서 적극적으로 참여할 수 있었던 것은 그들로부터 기계를 빼앗지 않으면서 오히려 그것을 잘 활용하도록 하였기 때문이다.

그림책은 흑백사진(바이올렛색)에서 벗어나 다시 컬러사진을 보여준다. 가족이 모두 함께여서 가능한 일이다. 새로 만들어진 노란색 식탁 주위로 가족이 둘러앉아 음식을 먹는다. 식탁을 만들던 이야기, 그간 나누지 못해 쌓여있던 각자의 이야기가 음료처럼 곁들여져 풍미 가득한 저녁 시간이 되었을 것이다. 거기에 가족이 애용하는 매체 이야기도 추가되며 서로를 더욱 잘 이해하게 되었으리라 추측해 본다.

가족을 뿔뿔이 흩어지게 했던 현대문명의 이기를 그림책은 비난하지 않는다. 가족을 멀어지게 하는 원인이지만 잘 이용하면 다시 모이게도 할 수 있다는 지혜를 보여준다. 어쩌면 매체에 점령당하지 않으면서 매체를 제대로 써먹는(활용하는) 방식을 보여주고 싶었던 것이 아닌가 싶다.

TV에 점령당하는 하루인가, 휴대폰에 지배당하는 일상인가, 인터넷에 발목 잡힌 위락인가. 기계에 잠식되는 하루에서 벗어나 인간적인 일상과 즐거움 안으로 기계를 들여오는 방식의 전환이 필요한 시점이다. 아직 어린 우리 아이들이 가짜 즐거움에 현혹되기 전에 말이다.

『세상』

강경수 글·그림 | 창비 | 2024

말로 가르쳐서 전수될 수 없는 삶의 자산을 아이는 스스로 체득해 가며 쌓아야 한다. 험한 세상 속에서 자신을 지키고 보호하는 벽과 울타리가 언젠가는 스스로여야 하기 때문이다.

각자의 세상

(그림책: 『세상』)

부모는 벽일까, 울타리일까. 경계를 짓는 구조라는 의미에서 큰 차이는 없을 것이나, 우리는 보통 바깥과의 단절을 나타낼 때는 '벽'을 사용하고, 보호의 의미를 더하고자 할 때 '울타리'라는 단어를 사용한다. '그건 넘을 수 없는 벽이야!' 또는 '내게 울타리가 되어 주었어.' 이렇게 짧은 글짓기만 해보아도 그 미세한 의미 차이가 느껴진다. 그러면 다시 첫 문장으로 돌아가 보자. 부모는 벽일까, 울타리일까.

세상에 태어나 이제 막 기어 다니기 시작한 아기는 집 안 구석구석을 돌아다니다 더 이상 나아갈 수 없도록 가로막는 무언가가 있다는 것을 알게 된다. 집의 외형을 이루는 벽이자 위험을 차단하는 안전망이다. 더 나아가고 싶었던 아기는 시무룩해지고 때마침 배도 고프다. 이때 아기에게 나타난 커다란 '손' 하나. 커다란 손안에서 아기는 먹고, 자고, 놀고, 사랑받고… 그리고 자란다. 이 그림책에서 한 번도 얼굴을 드러내지 않고 손만으로 등장하는 이는 독자도 느꼈다시피 아기의 부모이다. 이렇듯 세상에 나온 아기는 부모의 손안에서 더할 나위 없이 안전하다. 그리고 손은 아기의 안전한 보살핌을 위해 존재하는 거대한 성벽 같다.

아기는 아이로 성장하고 체구가 커진 만큼 인식의 지평도 조금씩 넓어진다. 물론 커다란 손이 제때 제공해 주는 놀잇감과 책이 아이의 머리와 마음을 키우는 데 적절한 역할을 한다. 자랄수록 아이의 세상에 대한 궁금증과 호기심은 늘어나고 커다란 손은 그때마다 아이가 잘 이해할 수 있도록 다정하게 설명한다. 아이는 비바람에도 무너지지 않을 튼튼한 집과 원하는 모든 것들을 해결해 주는 커다란 손안에서 걱정이나 두려움, 불안 따위 존재할 거라는 생각은 꿈에도 없이 마냥 행복하다. 키가 커진 아이의 눈에 창밖 세상이 들어오기 전까지는.

관념적 설명만으로 세상을 인식해 가던 아이에게 실물 그 자체의 세상은 경이로움이다. 눈에 들어오는 창밖 너머의 첫 상(像)에 대해 커다란 손은 그것이 '바깥'이며 '세상'이라고 이야기한다. 증폭되는 호기심으로 아이는 그 세상에 첨벙 뛰어들고 싶다. 그러나 늘 아이에게 다정하고 친절했던 커다란 손이 이번엔 쉬이 답변을 돌려주지 않는다. 침묵을 지키는 커다란 손.

손이 들려주는 세상에 대한 이야기는 다시 관념적 설명으로 돌아간다. 그토록 위험하고 무섭다는데 그러나 창밖으로 보이는 자연과 낯선 생명체인 동물의 존재는 너무도 아름답다. 커다란 손의 이야기를 이번만큼은 도무지 받아들일 수 없다. 와닿지 않는다. 위험이나 무서움과는 거리가 먼 찬란함과 눈부심이 황홀하게 빛나고 있다. "하지만…." 그림책이 한숨을 쉬듯 이야기를 이어간다.

그림책은 늑대에게 쫓겨 죽임을 당하는 사슴과 그 부패과정을 여과 없이 보여준다. 몇 장의 그림을 넘기는 사이 세상은 아름다움에서 두려움과 공포로 변질되어 간다. 커다란 손이 말하던 세상에 대한 정의는 정답처럼 맞아들어 가고 안전망으로서의 역할이 더욱 공고히 된다. 창밖 세상으로 아이를 내어놓고 싶지 않은 손의 바람대로 강자의 포악함과 죽음의 공포를 아이는 처절하게 느꼈을까. 죽음이 끝이라는 이야기에 겁을 먹지만 아이는 그 끝마저도 궁금하다.

사체는 흙으로 스며들고 이전의 활력과 생명성은 온데간데없다. 이대로 끝인 듯하다. 그러나 놀랍게도 그 흙에서 새로운 생명이 돋아난다! 그림책은 어린 독자를 배려하여 글은 냉정하되 그림은 덜 사실적으로 표현한다. 살점이 사라지고 뼈만 남은 동물에게서 흉측함보다는 사이사이 피어난 꽃의 생명성이 느껴지는 것도 그러한 덕이다. 아이는 이제 호기심을 넘어 세상을 동경하게 된다.

먼저 경험한 부모는 생각한다. 궂은 길과 산뜻한 길의 명확한 노선을 알려주는 것이 자신의 책무라고. 위험을 비껴가도록, 가능하면 마주치지 않게 표지판이 되어주는 것이 부모 본연의 역할이라고. 그러나 경험하지 않은 자녀는 알 도리가 없다. 미로찾기에서 발을 헛디뎌 진창길에 접어들었다가 겨우 되돌아 나온 안도감을, 진탕에 처박혀 고뇌했던 바닥의 순간들을, 일어나 다시 찾은 길에서 얻은 희열감을. 그림책 속 아이는 세상을 향해 이 모든 경험을 열망한다. 커다란 손이 아이를 아끼고 보호하려 들수록 더 넓은 세상 속으로 뛰어들고자 하는 아이의 바람은 나날이 커져만 간다. 굳건한 벽이 되고자 하는 부모에게 아이는 울타리 이상의 보호를 원하지 않는다. 아이는 이곳 아닌 더 넓은 세상이 궁금하다. 좋고 나쁨, 쉽고 어려움에 타인의 생각이 중요하지 않다. 부모의 생각도 결국… 타인의 의견일 뿐이다.

최고의 보호와 안전망을 담보하는 커다란 손을 뒤로하고 아이는 미지의 세상을 선택한다. 스스로 걸어 들어간 길에서 기쁨과 행복은 배가 되겠지만, 좌절과 배신은 홀로 감내해야 하는 고통이 될 것이다. 손은 그러한 아이의 선택을 존중한다. 커다란 손에 그간의 감사함을 표하는 사춘기 아이의 얼굴이 낯설지 않다. 아이와 작별하면서 손이 허리를 펴고 일어선다. 아이를 돌보느라 늘 구부리고 엎드렸던 몸과 일상이 자신에게로 돌아온다. 이제 부모도 아이도 세상을 향해 정면으로 선 모습이다. 그리고 부모와 아이는 각자의 방향에서 다른 세상을 향해 있다.

그림책 속 커다란 손이 말한다. "나의 사랑아, 잘 가렴, 너의 세상으로." 흔드는 손동작에 깊은 염려와 사랑과 믿음이 담겨 있다. 그렇게 아이는 부모와 작별한다.

벽과 울타리는 큰 의미 차이가 없다. 어떨 때는 벽이었다가 어떨 때는 울타리가 된다. 부모는 그런 존재이다. 무소불위의 벽이 되었다가 한없이 따뜻하고 포근한 울타리가 되었다가를 반복한다. 아이의 행복은 부모의 존재 이유이기도 하다. 그러나 공유할 수 있는 세상이 점점 작아질 때 각자의 세상을 인정하고 그 안에서 다른 형태의 경험으로 자신만의 행복을 찾아가도록 지지할 수 있어야 한다. 이때의 부모는 아이를 지켜보며 믿어주는 심리적 벽과 울타리이다.

세상은 하나일지 모르나 세상을 경험하는 방식은 천차만별이다. 말로 가르쳐서 전수될 수 없는 삶의 자산을 아이는 스스로 체득해 가며 쌓아야 한다. 험한 세상 속에서 자신을 지키고 보호하는 벽과 울타리가 언젠가는 스스로여야 하기 때문이다. 부모의 물리적 벽(그것이 통제이든 안전망이든)이 전환되어야 할 시점을 이 그림책은 아이가 세상을 향해 발걸음을 내딛는 순간으로 표현한다.

나이가 들어서도 우리는 여전히 부모의 품이 그립다. 삶이 신산하다고 느껴질 때, 벽이기도 했고 울타리이기도 했었던 그 커다란 부모의 손을 떠올리고 마음으로 가만히 기대어보자.

1) 얄리를 추억하며: 그림책 『이럴 수 있는 거야??!』

2) 살아있음의 다행스러움: 그림책 『살아있다는 것』

3) 사소함이 주는 소소(炤炤)함: 그림책 『거리에 핀 꽃』

4) 마땅히 있어야 할 자리: 그림책 『제자리를 찾습니다』

5) 지하철이 들려주는 이야기: 그림책 『나는 지하철입니다』

7.
삶과 죽음, 그리고 자연

『이럴 수 있는 거야??!』

페터 쉐소우 글·그림 | 한미희 역 | 비룡소 | 2007

분노로 망연자실하지 않으면서 잘 이별할 수 있는 방법, 실컷 떠올리면서 슬퍼하는 가운데 잘 떠나보낼 수 있는 방법, 애도의 과정이 필요하다.

얄리를 추억하며

(그림책: 『이럴 수 있는 거야??!』)

심술궂은 표정의 여자아이가 뒷짐을 지고 등장한다. 어딘가의 입구와 풍경으로 짐작되는 배경 안에 여자아이는 자그맣게 배치되어 있지만, 빨간색의 원피스와 잔뜩 치켜 올라간 눈썹이 아이의 존재를 강렬하게 드러낸다. 가만 보니 아이는 뒷짐을 진 게 아니라, 등 뒤로 무언가를 끌고 있다. 아이가 입은 원피스와 같은 색깔의 가방이 딸려오는데, 땅에서 일어나는 흙먼지가 가방의 무게감을 전달한다. 아이는 뭔가의 일로 사뭇 화가 나 있으며 그 일의 결과를 받아들일 수 없다고 얼굴 가득 찌푸린 표정으로 항변하고 있다. 몸집만 한 빨간 가방이 이야기의 실마리가 아닐까…. 동그란 단추를 비틀어 열면 툭 하고 이야기의 첫머리가 튀어나올 것 같다.

주변 사람들에게 여자아이는 기이한 모습이다. 화를 주체하지 못하고 씩씩대며 걸어가는 모습이나, 아이가 들기에는 크기도 디자인도 어울리지 않는 옛날 할머니 것 같은 번쩍이는 빨강 가방이나, 무엇이 들었기에 뒤로 질질 끌어야 하며 그렇게 해서라도 가지고 다녀야 하는 이유 등… 등장만으로 주변의 시선을 집중시킨다. 아랑곳하지 않고 가방을 끌며 지나가는 아이. 다음 장에서 아이는 누구에게랄 것도 없이 악을 쓰며 소리친다. "이럴 수 있는 거야??!" 푸른 수목으로 둘러싸인 공원의 잔디밭에서 나른하게 평화로운 한때를 즐기던 사람들의 시선이 일제히 아이에게로 쏠린다. 순간 그림은 얼어붙은 듯 정지한다. 책을 넘기던 손이, 물을 마시려던 얼굴이, 드러누우려던 몸이 그대로 멈춘 채 두 눈만이 멀뚱멀뚱 악쓰는 아이의 얼굴로 향한다.

가방을 옆에 세워 놓고 아이는 사람들을 향해 소리친다. 가방을 끌고 다니느라 뒤로 묶였던 두 손이 앞으로 나오면서 불끈 주먹 쥔 손이 된다. 악을 쓰는 아이의 두 주먹이 파르르 떨린다. 목에 핏대가 선다. 그림에 표현되지 않은 떨림이 아이의 소리치는 표정만으로 머릿속에서 살아 움직이는 영상을 만들어낸다.

아이는 가방을 끌고 장소를 이동하며 익명의 사람들에게 자신의 분노를 있는 힘껏 표현한다. 호수에서 보트를 타며 한가로운 오후를 즐기는 사람들에게, 가족들과 바비큐 파티를 즐기는 사람들에게. 아이의 분노 앞에 누구도 이유를 묻지 못한다. 이런 분노는 일상적이지 않으며 터무니없다. 아무도 이 생뚱스러운 분노에 대응하는 법을 알지 못한다. 더욱이 분노하는 이가 자그마한 아이인 경우에는.

화를 주체할 수 없었던 이유가 밝혀진다. 이야기가 중반을 지나는 시점이다. "왜 그러니?" 용기를 낸 누군가의 물음에 아이는 설움의 외침을 쏟아낸다. "엘비스가 죽었어." 비로소 모든 사건이 명료해진다. 아이의 항변에는 사랑하는 이의 죽음이 있었다. 이야기가 시작되면서 내내 무거움을 이어가던 그림책이 다음 장에서 잠깐의 유머로 분위기를 전환한다. 모두가 다 아는 유명한 '가수 엘비스'의 죽음이라고 생각하는 사람들.

가수 엘비스를 떠올리며 그의 재능을 기억하는 한마디씩을 던지는데 여기서 여자아이가 한 번 더 폭발한다. "가수 엘비스가 아니야!" 그러곤 문제의 몸집만 한 빨간 가방을 열어젖힌다. 동그란 단추가 비틀리며 가방이 활짝 벌려지고 보라색 융의 보드라운 안감 위에 새 한 마리가 누워 있다. "내 엘비스라니까!" 여자아이는 죽은 노란 새를 담은 빨간 가방을 두 손으로 소중히 들어 보인다. 아이의 머리 위로 나뭇잎 그림자가 일렁이고 왼편으로는 아이의 슬픔인 듯 진녹색 그림자가 차분히 곁을 따른다. 아이와 가방과 새가 모두 함께 들어 있는 그림자이다. 노란 새는 어제까지 이렇게 아이와 하나였을 것이다.

태어나서 겪는 가장 당혹스러운 경험 중의 하나가 죽음이다. 학습과 경험으로 세상의 이치를 알아간다고 하지만 이해보다는 감정이 앞서고 설득되기보다는 항변하게 된다. 아이들의 세계에 유한한 건 다 써서 그릴 자리가 남지 않은 스케치북이거나 먹어서 없어진 사탕 정도이다. 이 또한 다시 사면 그만이니 아이들의 세계에 유한함이란 애초 있지도 않았다. 생명의 끝과 마주한 아이들은 혼란스럽다. 어제까지 살아 움직이다 오늘 움직이지 않는다고 해서 없어진 건 아니다. 눈앞에 버젓이 있는데 없는 것, 사라진 것과 똑같다고 하니 아이들은 거짓말이라고 생각된다. 생명체를 스케치북이나 사탕처럼 새로 살 수 없고, 나누었던 교감을 동일하게 느낄 대체 생명체가 있지 않음을 아이들은 애정하는 이의 죽음을 경험하면서 깨닫게 된다. 이즈음의 아이들은 기르던 동물의 죽음으로 생명의 유한함을 이전 세대보다 일찍 경험한다.

이 그림책은 죽음을 처음 맞이하는 아이가 겪을 수 있는 감정에 대해 다룬다. 도저히 받아들일 수 없어 아이는 세상을 향해 악을 쓰는 방식으로 분노를 표출한다. 이해할 수 없는 이 상황이 말이 되느냐고, 도대체 이럴 수 있는 거냐고, 묻고 또 묻는다. 아이의 물음은 작은 새의 죽음에 대한 세상의 논리적인 대답을 듣기 위한 것이 아니다. 새가 다시 살아날 수 없다는 사실도 이미 깨닫고 있는 중이다. 분신과도 같은 새를 마치 소중한 동료에 대한 예우인 양 자기 옷과 똑같은 색깔의 가방에 넣고 다니며, 그것 이상으로 해야 할 무언가를 찾고 있지만 아직 알지 못하는 것이다. 아이는 애도의 시간이 필요한 것이다.

한 친구가 작은 새를 묻어주자는 제안을 한다. 장례식에 쓰일 소품을 마련하고 새를 묻기에 좋은 곳을 찾아 나선다. 땅을 파고 새를 묻기 전, 아이는 가방을 끌어안고 볼을 비비며 마지막 인사를 나눈다. 빨간 가방과 함께 영원한 안식에 드는 작은 새. 둘러앉아 음식을 나누어 먹으며 죽은 새 엘비스를 회상한다. 모두의 마음속에 엘비스의 노래하는 모습이 영화필름처럼 잔잔히 흐르고, 엔딩 크레딧이 올라가듯 서로 끌어안고 도닥이며 회자되었던 기억을 정리한다. 고통을 나누고 망자를 기억하는 동안 슬픔은 반으로 줄어들어 조금의 눈물만으로도 이별할 스 있는 용기가 생긴다. 작은 새 엘비스가 먼저 간 가수 엘비스를 만나는 상상으로 웃음을 지으며 그렇게 장례식은 마무리되고, 그림책 마지막 장은 "정말 좋았어요."로 끝을 맺는다. 충분한 애도의 시간을 가진 아이는 불같이 들끓던 마음이 정제되어 있다. 손을 흔들며 돌아서는 아이의 등 뒤에는 이제 질질 끌면서 해명을 요구해야 할 슬픔이 사라지고 없다.

이 그림책의 모든 그림은 액자식으로 표현되어 있다. 사진을 액자에 끼워 넣듯 네모반듯한 프레임 안에 그림이 들어가 있으며, 삶의 중요 장면을 포착하듯 여자아이의 감정선을 따라 그림이 찍혀 있다. 그림책을 덮고 난 뒤, 되돌아와 다시 처음부터 펼치고 표제지로 들어왔을 때 뜬금없는 새장 그림이 작은 새 엘비스의 부재를 표현한 미장센이었음을 알게 된다. 문이 열린 채 비어있는 새장. 아이가 경험한 첫 죽음의 목도였으리라.

많은 사람들의 추억 속에 가슴을 저릿하게 하는 슬픔으로 소환되는 유년 시절 첫 죽음의 기억이 있다. '노란 병아리 [3]얄리'… 성인이 되어서도 얄리를 잊지 못하는 건 여전히 죽음이 두렵고 받아들일 수 없고 이해하기 어려운 대면이기 때문이다. 그러면서 우리는 생각한다. 죽음의 의미를 가르쳐 주었던 얄리를 통해 살아있음의 귀중함도 깨닫게 되었다고.

쉬이 보낼 수 있는 생명은 없을 것이다. 분노로 망연자실하지 않으면서 잘 이별할 수 있는 방법, 실컷 떠올리면서 슬퍼하는 가운데 잘 떠나보낼 수 있는 방법, 애도의 과정이 필요하다. 아이라고 피해 갈 수 없고, 어른이라고 담담할 수 없다. 무거운 이야기를 무겁지 않게 전하는 이 그림책 이야기에 손 내밀어 보기 바란다.

---

3) 故 신해철의 대표곡 중 하나인 '날아라 병아리' 가사 속 병아리

『살아있다는 것』

유모토 가즈미 글, 사카이 고마코 그림 | 김숙 역 | 북뱅크 | 2025

살아서 더 누릴 수 있는 것, 더 가질 수 있는 것들은 부차적인 문제일지도 모른다. 모든 것은 그 순간 다가오는 감정과 그것을 마주하는 방식의 차이일 것이다.

살아있음의 다행스러움

(그림책: 『살아있다는 것』)

'이 시간 이후 남은 삶 동안의 기쁨과 즐거움이 지금의 절망과 힘듦에 무너진 것을 후회할 만큼 아깝고 귀중할 것인가.'라는 생각을 한 적이 있었다. 현재 맞닥뜨린 어려움을, 오지 않은 미래의 희노애락과 저울질하며 삶을 유지하여야 하는 이유로 밀어붙이고 싶었던 참 어리디어린 마음의 시기였다. '예까지 잘 견뎌와 이 순간을 맞이할 수 있어서 참 다행이다.' 격정의 십 대와 혼란의 이십 대, 불안한 삼사십 대를 거치는 과정에서 내 삶을 견인해가던 말이었다. 이제야 비로소 어른이 되어간다고 믿어지는 이즈음에 이르러서도 저 말이 주는 위안이 크다. 그러고 보면 적게 살았든, 길게 살았든 삶에 동기부여가 되는 생각의 본질은 같다. 살아있다는 것은 그것 자체로 좋음이다. 십 대 시절의 그 생각이 본능이자 직관이었다면, 지긋한 나이가 된 지금의 생각은 경험이자 통찰이다.

다리 난간에 두 팔을 걸치고 고개를 수그린 아이가 아래를 내려다보고 있다. 멀찍이 재킷이 난간의 안과 밖으로 반씩 나뉘어 걸쳐져 있다. 불현듯 아이가 내려다보고 있는 것이 무엇인지 궁금해져 책을 뒤집어 그림을 확인한다. 높은 시선의 위치로 이동한 다리 아래로 시커먼 것이 펼쳐져 있다. 아니, 흐르고 있다. 난간엔 아이 대신 새가 앉아 시커멓게 흐르는 물을 지켜보고 있다. 이렇듯 앞표지와 뒤표지 그림 사이엔 급박한 긴장감이 흐른다. 자칫하면 재킷이 반을 넘어와 난간 바깥으로 떨어져 버릴 것 같은 두려움이 아이의 모습에 전이된다. 흑색의 거친 목탄 스케치에 푸르스름하게 청색이 스며든 자리가 생(生)이면서 사(死)의 낯빛처럼 서늘하다.

아이가 입을 열어 이야기를 시작한다. 난간에 기대어 강물을 내려다보고 있던 날 저녁, 어디선가 허름한 차림의 아저씨가 나타나 곁에 선다. 강을 좋아하는지, 다리를 좋아하는지 묻는 아저씨에게 떨떠름하게 얼버무리는 아이. 그러면서 속마음은 아까부터 생각해 오던 두 갈래의 길과 갈림길로 아이를 몰아간 어지러운 기억의 조각들이 한데 엉켜 산란하다. 저지르지 않은 잘못의 주범으로 몰린 기억, 아이에게 누명을 씌우려고 사용된 후 쓰레기통에 버려진 재킷. 아이는 자신을 추궁하던 아주머니와 진짜 범인인 아이에 대해서 궁금해한다. 오인했던 판단을 후회하고 들킬지 모를 두려움에 사로잡혀 있는지.

허름한 차림의 아저씨는 아이의 얼버무림 너머에 있는 상심을 알고 있다. 쓰레기통에서 건져진 재킷이 아이에게 입혀지지 않고 난간에 걸쳐졌을 때, 아이는 저지르지 않은 잘못을 인정할 수 없듯이 잘못에 쓰였던 재킷을 품에 안을 수 없었던 것이다. 버릴 수도, 입을 수도 없는 재킷은 그렇게 반은 생의 이쪽 편에 반은 생의 저쪽 편에 걸•쳐•있•다. 아이의 마음도 그렇게 갈림길에 걸•쳐•있•다.

훌쩍 뛰어올라 새처럼 날아 강으로 뛰어드는 생각에 골몰하던 순간, 아저씨는 아이의 생각을 가로지르며 호수 이야기를 꺼낸다. 아이에게로 다가오고 있다는 호수. 시시각각 다가와 아이를 휘감아 싸는 차가운 물은 억울하고 분하고 서러운 고통의 마음을 닮은 것처럼 느껴진다. 두 손으로 귀를 막고 흘러드는 물소리를 들어보라고, "어둠 저편에 있는 오직 하나의 호수, 너만의 호수"라며 아저씨는 투박한 손으로 귀 전체를 넘어 정수리 근처까지 덮은 채 두 눈을 감는다. 깊게 파인 주름과 길게 자란 수염, 산발한 머리가 삶의 매 순간 고통이 닥칠 때마다 행해 왔던 숭고한 의례였음을 말해준다. 아저씨를 따라 귀를 막았다 손을 뗀 아이는 강물 소리가 이전보다 더 커졌음을 느낀다. 그러곤 서둘러 집으로 향한다.

귀를 막고 물소리를 듣는 행위는 무엇을 의미하는 것일까. 현재의 부대낌을 마음 안에서 오롯이 감당해 보는 일이며 지나가도록 내버려두는 행위이다. 그리고 귀를 열었을 때 들리는 세상의 소리에서 새로움을 발견해 보도록 하는 행위이다. 아이를 휘감아 돌던 슬픔과 절망의 심정은 오히려 차가운 심연으로 거침없이 들어갔을 때, 한바탕 휩쓸고 지나가 버림으로써 담담한 마음을 가지게 했고 그사이 세상은 이전에 미처 알지 못했던 생명의 활력으로 다가온다. 귀에서 손을 뗐을 때 물소리가 더 커진 것처럼.

아이는 자라 어른이 되고, 그때의 다리와 기대었던 난간과 잿빛 강물은 기억에서 아스라해진 지 오래다. 그러나 때때로 마음 저 깊숙한 곳에서 차갑게 소용돌이치며 물소리가 온몸을 울려댄다. 이미 어른이 된 아이는 귀를 지그시 눌러 막고 물소리를 듣는다. 그리고 생각한다. 그때 강에 뛰어들었다면 지금 만날 수 없었을 사람들을. 아저씨의 의례는 아이에게로 전해져 삶을 견뎌내는 소중한 의식이 되었다. 그렇게 아이는 어른으로 성장하였다.

살아있다는 것. 제목이 주는 무게감은 사람마다 천차만별일 것이다. 희노애락이 삶에서 균등하게 거쳐 가지는 않을 것이므로, 더 많이 경험한 감정의 빈도가 삶의 가치를 설명하는 기준이 되기도 한다. 그래서 때로 감정의 저울질을 통해 삶에 대한 행복과 만족을 판단하려 든다. 그러다 이것이 생(生)과 사(死)의 문제로 기울어버리는 순간, 우리는 '살아있음의 다행스러움'을 잠시 망각한다. 살아서 더 누릴 수 있는 것, 더 가질 수 있는 것들은 부차적인 문제일지도 모른다. 모든 것은 그 순간 다가오는 감정과 그것을 마주하는 방식의 차이일 것이다.

생(生)이라는 주제는 어린아이가 이해하기에 버거울지 모른다. 거기다 세밀하면서도 거칠게 표현한 흑백의 그림이 무거운 주제를 더 무겁게 아래로 끌어내린다. 그러나 아는가. 심연의 밑바닥까지 끌어 내려졌을 때 우리가 할 수 있는 건, 위로 올라가는 일뿐이라는 것을. 살아있음의 다행스러움을 이해한 아이에게 강은 이제 잿빛이 아니라 사랑하는 사람들과 함께 산책하고 즐기는 푸르름의 장소이다. 그림책은 여기서 단 한 장면의 총천연색 그림을 연출한다.

열심히 살아가느라 잠시 잊고 있던, '살아있음'의 새삼스러운 인식이 필요한 당신에게 이 그림책을 권한다.

『거리에 핀 꽃』

시드니 스미스 그림 | 국민서관 | 2015

아이는 세상의 모든 것은 나름의 이유로 존재한다는 선량한 믿음을 가졌고, 이를 실천할 수 있는 따뜻한 마음을 지녔다. 아이의 순수함은 무지이기에 앞서 상대를 향한 관심이다.

사소함이 주는 소소(炤炤)함

(그림책: 『거리에 핀 꽃』)

그림책이 말을 건넬 때, 글이 아닌 그림의 목소리인 경우가 있다. 그림에서 서사를 발견할 때 그 목소리는 내 말이 되고 나를 통해 이야기는 전개된다. 그림으로만 구성된 책, 글이 없는 그림책에서 이야기 작가의 역할은 오롯이 독자의 몫이다. 이야기의 진위, 재미나 감동 여부는 개의치 않아도 된다. 같은 그림에 대한 감상평이 제각각이듯 이어지는 여러 장의 그림들에서 엮어지는 이야기 또한 개별적 '그림 읽기'의 결과물로 각양각이하다. '그림 읽기'란 그려진 것들이 무엇인지 눈으로 훑는 '그림 보기'에서 나아가 그림들을 논리적으로 연결시키는 사건을 찾아내어 의미를 부여하는 과정이다. 이렇게 만들어진 서사는 경험과 앎의 배경을 토대로 하기 때문에 독자마다 다를 수밖에 없다.

『거리에 핀 꽃』은 글 없는 그림책이다. 글이 없는 대신 독자가 최대한 그림으로부터 이야기를 찾아보도록 화면 분할을 이용한 컷 형태의 그림이 많다. 일종의 만화 그림 같은 방식이다. 그림의 역동성을 강조하여 독자가 인물의 움직임과 사건의 전개를 포착할 수 있도록 하려는 작가의 의도이다. 하나의 그림보다 여러 개의 그림에서 인물은 더 자주 움직이고, 사건은 단서를 더 많이 남긴다.

흑백영화의 필름을 닮은 첫 장면에서 빨간 외투를 입은 자그마한 아이가 있는 오른쪽 하단으로 시선이 쏠린다. 빨간 옷을 따라 시선은 자연스레 옆 장으로 이어지고, 아홉 개로 분할된 무채색 화면 안에서 빨간 옷을 입은 아이의 움직임은 더욱 선명하게 부각된다.

아빠의 손을 잡고 종종걸음으로 걸어가면서도 아이는 구석구석 거리의 풍경을 놓치지 않는다. 키 작은 아이의 시야에 콘크리트 바닥을 뚫고 피어난 민들레가 들어온다. 가만히 향을 맡으며 소중히 손에 민들레를 쥐어 드는 아이. 걸어가는 동안 아이는 아무도 주의해서 보지 않는 이런 꽃들을 유심히 살피며 손에 그러모으고 향을 맡는다. 무채색 화면 속, 그림은 아이의 옷과 꽃들에만 색을 입히고 이를 단서로 계속해서 독자에게 말을 건넨다.

아이가 거리의 후미진 구석에 핀 꽃을 놓치지 않으려 할 때, 아빠는 잠시 걸음을 멈추어 기다린다. 아빠가 잠깐의 볼일로 손을 놓을 때, 아이는 보도블록 사이에 피어난 꽃을 발견하고 손안에

모은다. 이렇게 아이는 아빠와의 한나절 외출에서 다발을 만들 만큼의 꽃을 얻는다. 거리에 아무렇게나 핀 꽃들이 아이의 손에 의해 아름다운 꽃다발로 다시 태어난다.

집으로 돌아가는 아빠와 아이의 뒷모습이 양면 가득 그려진 동네 풍경 속 오른쪽에 조그맣게 드러난다. 이야기의 첫 장면과 동일한 화면 배치이다. 그리고 여기서 이야기가 끝나도 서사는 만족스럽다. 아무도 돌아봐 주지 않는 이름 없는 꽃들을 소중히 모아 가슴에 품고 가는 아이. 아이의 관점으로 귀중함과 가치 있음이 새롭게 조명되면서 거리에 핀 꽃은 아이에게 충분한 의미 존재가 된다. 이러한 메시지도 뭉클하다. 하지만 그림은 그치지 않고 말을 이어 나간다. 이야기의 2부라고 생각되는 이후의 전개는 1부와 흡사한 그림 표현 방식을 따른다. 그림은 여전히 무채색이며 빨간 옷을 입은 아이를 쫓아가도록 한다.

걸어가다 버려진 죽은 새를 마주한 아이. 새 앞에 쪼그려 앉는다. 손아귀 속, 꽃 몇 송이를 뽑아 죽은 새 위에 올려놓는 아이. 여기서부터 그림에 색 변화가 일어난다. 무채색이었던 새가 채색으로 거듭나고, 아이의 행위가 이룬 결과인 듯 이후의 모든 그림은 색을 입는다. 아이의 꽃 나눔은 집으로 돌아가는 동안 공원 벤치에 누워 잠든 이와 주인의 손에 이끌린 개에게로 계속되고, 집에 도착한 후에는 엄마의 머리를 장식하는 쓰임으로 이어진다. 어린 두 동생의 머리에도 몇 송이씩 가만히 얹어주고는 마지막 남은 한 송이를 자신의 오른쪽 귀에 살포시 꽂는다. 이렇게 이름 없이 거리에 핀 꽃들은 아이에게 거두어져 새로운 의미 존재로 살아나고, 나눔과 쓰임으로 그 의미는 더욱 확장된다.

이야기가 끝나고 뒷면지에서 아이가 무수한 풀꽃들 위를 성큼 성큼 걸어간다. 앞면지에는 풀꽃 그림만 있었다. 아무도 보아주지 않는 '거리에 핀 꽃'이 앞면지 그림이었다면, 누군가 보아주어 존재를 확인받은 '거리에 핀 꽃'은 뒷면지 그림이다. 아이는 세상의 모든 것은 나름의 이유로 존재한다는 선량한 믿음을 가졌고, 이를 실천할 수 있는 따뜻한 마음을 지녔다. 아이의 순수함은 무지이기에 앞서 상대를 향한 관심이다. 이름 없는 풀꽃들이 모여져 다발을 이루고 누군가의 마음에 행복감과 따뜻함을 전달하기까지, 아이는 그 어떤 사소한 것에도 관심을 놓치지 않았다. '거리에 핀 꽃'은 사소함으로 대변되는, 우리가 일상에서 자주 놓치는 것들을 말한다.

우리는 화원에서 가꿔진 선명한 색의 탐스러운 꽃에서만 아름다움을 찾는다. 나눔의 대상을 이해관계로 상정하는 것 역시 같은 맥락이다. 아름다움을 목적으로 키워진 것들에서 아름다움을 찾는 것, 받을 것을 전제로 나누는 것, 모두 당연한 이치이지만 무감동하여 마음을 일렁이게 하는 무언가가 부족하다. 목적 안에 가두어진 삶에서 사소함은 줄곧 쓸모없음으로 버려지고, 우리의 소소한 감정도 함께 절제된다.

이 그림책에서 아이의 작은 마음 씀과 작은 행동들은 소소한 우리의 마음들이 결코 작거나 하찮지 않음을, 잔잔한 온기로 삶의 온도를 높일 수 있음을 보여준다. 거리에 아무렇게나 핀 꽃들이 우리 마음의 균열을 바로잡을 질서를 내포하고 있다는 해석은 비약이 아닐 수 있다. 적어도 이 그림책에서만큼은.

글이 없는 그림책은 그림을 읽는 이의 정서와 이전 경험, 그리고 지닌 가치에 따라 무수한 서사를 낳는다. 글이 없으니 그림을 더 세밀하게 속속들이 파고들게 되고, 세부적인 사물들까지 서사의 내용으로 끌어들일 소재가 된다. 오늘 생각한 서사가 내일 읽었을 땐 다르게 만들어질 수도 있다. 그래서 글 없는 그림책은 수수께끼 같으면서 묘하게 도전을 불러일으킨다.

빨간 옷을 입은 아이가 손짓하는 이 그림책을 독자의 첫 글 없는 그림책 읽기로 도전해 보는 것은 어떠한가.

『제자리를 찾습니다』

막스 뒤코스 글·그림 | 이세진 역 | 국민서관 | 2023

마땅히 있어야 할 자리라는 것이 자연뿐만 아니라 사람에게도 있다면, 나의 제자리는 어디인가. 삶에서 중요하다고 판단되는 것들과 그것들을 향해 가는 과정에서 '제자리'의 윤곽이 점점 선명해지리라 생각한다.

마땅히 있어야 할 자리

(그림책: 『제자리를 찾습니다』)

한 손에 지팡이를 짚고 다른 편 어깨엔 양탄자를 걸머진 할아버지가 걸어간다. 할아버지 모습은 초록 들판 한가운데 커다랗게 무언가를 들어낸 자리 위에 그려져 있다. 여기서 '제자리를 찾는다'는 제목까지 읽고 나면 할아버지가 지고 가는 양탄자의 놓을 자리 찾기가 이 그림책의 이야기일 것이라 단정 짓게 된다. 그러나 작가는 이야기 단서를 허투루 던지지 않는다.

"옛날에 어떤 할아버지가 연못가에 살고 있었고, 연못을 정성껏 가꾸었다."로 이야기가 시작된다. 연못가를 빽빽이 둘러싼 갈대, 부들 등의 높고 낮은 수생초들, 수면 위를 가득 채운 개구리밥, 부레옥잠, 연꽃류, 그 사이를 비집고 고개를 내미는 개구리들, 낮게 떠서 주위를 배회하는 잠자리, 나비들까지 평화로운 한때의 연못 풍경이 양면펼침으로 그려진다. 화면 왼편엔 할아버지가 간이의자에 앉아 있다. 개구리에게 밥을 던져주는 손가락의 움직임과 입에 문 풀꽃은 할아버지를 연못 풍경의 일부로 느끼게 한다. 세상 중심이 잠시 연못과 할아버지에 멈춘 듯하다. 주변 들판의 모습이나 하늘, 구름은 이 그림에서 제외되어 하얀색 배경으로 처리된다. 앞서서 보았던 표지와 어떻게 다른지 생각해 보도록 이 그림은 단서를 품고 있지만 이는 첫 읽기에서 쉽게 찾아지지 않는다.

연못이 있는 자리에 주차장을 만들기 위해 땅 주인이 할아버지를 내쫓는 장면으로부터 사건이 시작된다. 연못을 걱정하는 할아버지. 그렇게 마음이 쓰이면 가져가라며 주인은 연못을 하찮은 물건 취급한다. 할아버지의 걱정을 비아냥대며 킬킬거리는 주인 무리. 주인과 할아버지가 대비되는 건 글에서만이 아니다. 초록의 연못과 살구색 피부, 색깔의 옷을 입은 할아버지와 달리 주인의 모습은 무채색이다. 한 치의 배려도 없는 무감각의 정서를 가진 사람을 작가는 '색채 없음'으로 표현한다.

연못을 두고 혼자 떠날 수 없었던 할아버지는 결심한 듯 소매를 걷어붙이고 허리를 구부려 연못을 둘둘 말기 시작한다. 그러곤 척하니 어깨에 걸머지고 그 자리를 떠나는 할아버지. 표지에서 보았던 그림이 재현되는 장면이다. 아하! 양탄자가 아니라 연못을 만 거였구나! 연못을 양탄자처럼 둘둘 말 수 있다는 상상에 독자는 흥미로움을 느끼면서 얼른 다음 장을 넘길 것이다. 한편,

첫 장면에서 작가가 던졌던 단서가 섬광처럼 떠오르는 독자도 있으리라!

표지에서 무언가를 들어낸 듯 하얗게 처리된 공간은 연못이 있던 자리였음을 이해할 것이다. 들판 속에서 자연과 어우러져 있었음을 초록 배경으로 표현하였으며, 연못을 말아 걸머지고 가는 그림을 통해 그 자리에 있던 연못이 더 이상 존재하지 않음을 하얀색 공백으로 표현한 것이다. 그렇다면 첫 장면에서 이와 반대로 흰색 배경에 초록 연못의 표현은 무엇을 의미하는가. 고립된 연못과 할아버지라는 의미이자 뒤이어 발생할 사건의 전조를 암시한다. 그리고 첫 장면의 그림을 그대로 들어내어 표지의 하얀 공백 속에 넣는다면 딱 들어맞을 것이라는 이미지 상상도 가능하다. 즉, 표지와 첫 장면을 한데 겹쳐놓은 그림이 '제자리에 있었던' 연못의 풍경이자 앞으로 찾아서 '제자리에 있게 될' 연못과 할아버지의 모습이다.

할아버지의 연못 제자리 찾기 여정이 이어진다. 기차를 타고 도시의 여동생네로 향하는 할아버지. 동생은 연못을 반기지 않는다. 이웃 선생님의 소개로 학교의 교실에 펼쳐진 연못은 아이들의 관심을 받고 흥미로운 자연 수업 소재가 되지만, 모기가 많이 생긴다는 이유로 다시 둘둘 말리는 처지가 된다. 할아버지는 떠나면서 연못에 마음을 빼앗겼던 아이에게 연못의 귀퉁이를 잘라 나눠주며 정원에 두고 키우라는 배려를 잊지 않는다.

이후 시청에 기증하려는 할아버지의 마음을 직원은 쓰레기통에나 버리라며(연못과 마음 모두) 일축하고, 쇼핑센터에서도 병원에서도 미술관에서도 연못과 할아버지는 환영받지 못한다. 떠도는 사이 연못은 물기가 말라 웅덩이 크기로 쪼그라들고 만다. 연못을 잘라 분양할 수 있다는 표현이 흥미롭고 재미있게 다가오면서도, 사람들의 관심에서 멀어질수록 점점 작아진다는 대목에서는 서글프고 안타까운 마음이 든다. 돌돌 말려진 연못은 이제 할아버지의 한 손에 잡힐 만큼 작고 초라하다.

도시에서 연못의 자리를 찾지 못한 할아버지는 다시 기차를 타고 멀고 먼, 가장 맨 끝 동네로 향한다. 아무도 오지 않을 것 같은 동네의 가장 후미진 끝 한적한 자리에 자그마한 연못을 펼치고, 할아버지는 비가 오길 간절히 기도한다. 염원대로 사흘 낮밤을 내린 비 덕분에 연못은 원래의 크기대로 풍성해지고, 더불어 연못을 아끼고 돌봐줄 사람도 만나게 된다.

그림책의 마지막 장면은 자그마치 4장의 펼침면으로 연못을 그려내고 있다. 대문을 열듯 양쪽을 열면 그대로 4장이 하나의 장면으로 펼쳐진다. 열 배쯤은 커진 연못에 더 다양한 수생식물과 동물들이 어우러져 그 자체로 수생공원이 된다. 한가롭게 휴식을 즐기는 할아버지와 할머니는 연못이 제자리를 찾았듯 인생의 마지막 자리에 안착한 고요한 모습이다.

연못의 제자리가 세상 끝, 작은 동네라는 결말이 살짝 아쉽게 느껴진다. 도시에서 환대받지 못하는 자연이라는 의미일까. 그보다는 도시가 원하는 자연의 형태가 아니라는 점이 더 가까운 이유일 것이다. 견고하고 정확한 체계의 시스템인 도시 안에서는 어떻게든 그에 걸맞게 변형된 자연만이 들어맞는다. 사람들의 일상과 업무에 해를 끼치거나 피해를 줄 만한 요소들은 최대한 제거해야 한다. 휴식처로 찾는 공원조차 다듬어진 자연의 조형이라는 점에서 자연 그대로의 자연을 인근에서 찾기란 쉽지 않다. 그럼에도 자연 그대로의 자연에 흥미를 보이고 보살피고자 하는 의욕을 가진 사람들이 있다. 이 그림책에서 작가는 그런 사람들에게 색깔을 입힌다. 자연을 배려할 줄 아는 사람들을 존중하는 작가의 그림 표현이자 작가만의 표현 권리인 셈이다. 그림책을 덮고 다시 읽을 때쯤 색깔을 입은 사람과 그렇지 않은 사람(할아버지를 내쫓은 주인을 비롯하여)이 확연히 눈에 들어올 것이다. 물론 어린아이라면 첫 읽기에서 발견할 수도 있다. 성인은 그림 읽기에서 항상 아이에 한 수 뒤진다.

'자연' 이외에도 이 그림책은 여러 생각거리를 던진다. '제자리'가 대체 무엇이고, 어떤 의미를 가지는가. 마땅히 있어야 할 자리라는 것이 자연뿐만 아니라 사람에게도 있다면, 나의 제자리는 어디인가. 그림책의 할아버지처럼 안착해 있는지, 아직 찾아가는 여정 중인지에 대해 할아버지가 연못을 귀중하게 여긴 것처럼 삶에서 중요하다고 판단되는 것들과 그것들을 향해 가는 과정에서

'제자리'의 윤곽이 점점 선명해지리라 생각한다. 그림책을 읽고 사유하는 지금의 이 자리가 무형이 아닌 유형의 '제자리'를 찾기 위한 과정임을 나 또한 믿는다.

『나는 지하철입니다』

김효은 글·그림 | 문학동네 | 2016

지하철은 살아있는 삶의 이야기를 태우고 내린다. 우리는 삶의 한 부분에 지하철이 있어 몸담고 두 발을 쉬는 동안 다시 힘차게 걸어갈 기력을 충전한다. 지하철이 만나는 이야기들 중 하나는 다름 아닌 '나'이다.

지하철이 들려주는 이야기

(그림책: 『나는 지하철입니다』)

섬에서 비행기를 타고 도착한 공항이 내가 본 그날의 서울 풍경 전부일 때가 종종 있다. 지상을 밟지 않고도 서울 어디든 목적하는 곳에 다다를 수 있으니 일정 후 남는 기억의 대부분은 지하세계의 풍경들이다. 이 또한 서울의 모습일 테니… 하늘 아래 마주한 서울 풍경은 공항뿐이었다고 수정해야겠다.

수많은 사람을 쏟아내고 또 그만큼의 사람들을 태우며 네모 박스 차량은 정차와 발차를 하루 종일 반복한다. 간혹 지상의 풍경을 차창으로 엿볼 수도 있으나, 대부분은 속도의 이미지만 까맣게 보여 주는 차량 내부에서 정차한 곳의 지명을 확인하는 것 정도로 지하 어디쯤인지 가늠할 수 있을 뿐이다. 내가 체험한 서울 지하철의 모습이다.

지하철은 복잡한 지상 도로를 벗어나 효율적인 이동 수단이 되어준다. 사람의 발이 가진 도보의 능력을 고도로 확장시키면서 지하 선로가 이어진 곳이라면 어디든 신속하게 움직인다. 사람들의 승차와 하차가 엇갈리고 지하철 내에 머무르는 시간도 제각각이다. 승차한 사람들은 각자 이동의 목적은 다르지만, 지하철이 움직이는 동안 같은 방향으로 향하는 움직임 안에 공존하게 된다.

우리는 승차하는 사람의 모습에서 어느 정도 직업을 유추할 수 있다. 하차하는 역명에서 그 사람의 이동 목적이 나타나기도 한다. 이처럼 각양각색의 승하차 모습과 승하차 지역은 그 사람의 삶을 얼추 내비친다. 지금 이 순간도 매일의 연속성 위에 오늘을 마주한 이들이 새로운 삶의 이야기가 전개될 장소의 한 곳으로 지하철에 승차한다.

이 그림책은 앞표지와 뒤표지를 함께 펼쳤을 때 한 폭의 그림으로 다가온다. 어느 지하철 역사의 모습이다. 스크린도어 뒤로 사람들이 줄을 서서 지하철이 오게 될 방향을 향해 시선을 두고 있다. 지하철이 도착하면 그림 속의 사람들이 움직여 승차할 것 같다. 그만큼 그림이 세밀하고 사실적으로 표현되었다. 스케치한 선을 포기하지 않은 엷은 수채화 채색이 정밀화 느낌을 준다. 가느다랗고 섬세한 수많은 선이 입체감을 부여하면서 그림 안에 표현된 인물과 사물이 현실의 그것처럼 생생하게 전달된다.

그림책은 두 장을 제외하고 전 장면에서 양면펼침으로 그림이 표현되었다. 25장의 화폭으로 구성된 그림책이라고도 할 수 있다(표지와 연결되는 앞면지와 뒷면지 그리고 표지 그림까지 합하면 28장이다). 그림책에서 독립적인 예술작품으로서의 그림의 위치를 잘 보여줄 뿐만 아니라 그림에 보다 애착하고 있는 현대 그림책의 지점을 확인할 수 있는 부분이다. 글은 승객들 개별적인 삶의 이야기를 사물인 지하철의 입을 빌려 내레이션한다. 그림이 사실적인 만큼 글 또한 현실 그대로를 반영하는데, 서울의 중심을 순환하는 2호선 지하철과 그 역명을 그대로 차용하고 있다.

'마트료시카 구조'의 서사 방식을 취하는 것도 이 그림책의 특이점이다. 크기가 다른 똑같은 모양의 인형이 반복해서 들어가 있는 마트료시카 인형에서 유래하였으며 전체와 부분이 함께 공존한다는 의미가 담겨 있다. 우리나라 안에 수도인 서울이 있고, 그 서울의 중심을 순환하는 지하철이 있으며, 그 지하철 안에는 다양한 삶의 이야기를 지닌 사람들이 타고 있다. 바꾸어 말하면, 개별자의 이야기는 지하철의 이야기가 되고, 지하철의 이야기는 서울의 이야기로 이어진다. 서울의 이야기는 곧 우리나라의 이야기가 되며, 이는 지구의 이야기라고 할 수 있다. 이것이 '마트료시카 구조'인 것이다. 반복하여 품음으로써 '지구의 이야기'라는 전체와 '개별자의 이야기'라는 부분이 한꺼번에 한 곳에 있게 되는 형태가 만들어진다.

지하철에 탄 개별자의 삶이 가장 작은 마트료시카 인형처럼 각 그림에서 전개된다. 그림책 표지에서 살펴본 줄 서서 기다리는 무리 중 3명을 포함하여 모두 7명의 살아가는 이야기이다. 제일 먼저 회사원 '완주' 씨가 왕년의 달리기 실력을 발휘하며 합정역에서 전력 질주로 승차한다. 시청역에서는 '복순' 할머니가 짭짤하고 시원한 냄새를 풍기며 승차한다. 이어 아이를 가슴에 안고 한 손으로는 또 다른 아이의 손을 잡은 전업주부 '유선' 씨가 성수역에서 승차하고, 반짝반짝 광나는 구두의 '재성' 아저씨가 구의역에서 승차한다. 학원가가 운집한 강남역에서 '나윤이'가 무거운 가방을 메고 어깨가 축 처진 채 승차한다. 그러는 사이 상품이 담긴 카트를 밀며 '구공철' 아저씨가 지하철 칸을 통과한다. 고시를 준비하며 아르바이트를 하고 있는 청년 '도영' 씨가 신림역에서 승차한다.

승차의 모습으로 인물이 소개되었다면, 다음 장에서는 승차로 연결되는 지하철 밖 그들 삶의 여정이 진솔하게 이어진다. 이제 그림책은 신도림역에서 문이 활짝 열리며 승차 대기 중인 사람들의 모습을 클로즈업한다. 다음 장에서는 영화의 줌아웃 기법처럼 열린 지하철 문에서 멀어지면서 지하철 역사 전체가 드러나 보인다. 승하차하는 사람들, 계단을 오르내리는 사람들이 역사 안 어느 한 지점을 통과하며 저마다의 갈 길을 재촉한다. 지하철은 다음과 같이 내레이션한다. "나는 이 길 위에서 많은 것을 만납니다." 지하철이 만나는 것은 냄새로부터, 수화기 너머 목소리로부터, 땀이 밴 셔츠와 낡은 구두로부터 감지되는 그들 각자 삶의 이야기이다. 심지어는 차창으로 스며 들어와 이 모든 것들을 어루만지는 오후의 햇빛과 그림자에도 삶은 녹아 있고, 이야기를 낳는다.

지하철은 살아있는 삶의 이야기를 태우고 내린다. 소박하면서 정겹고 열정적이면서 애틋한 삶의 화소들은 지금의 나, 혹은 과거, 또는 희망하는 미래의 이야기이기도 하다. 다수에겐 특별할 것 없어 보이지만, 개인에겐 한정된 특별함으로 깊고 진중한 의미를 품는다. 지하철 좌석의 꺼진 자리에서, 기대서서 바래진 기둥에서, 힘 있게 디딘 바닥 흔적에서 그 의미는 쉽게 찾아진다. 그리고 우리는 삶의 한 부분에 지하철이 있어 몸담고 두 발을 쉬는 동안 다시 힘차게 걸어갈 기력을 충전한다. 지하철이 만나는 이야기들 중 하나는 다름 아닌 '나'이다.

나는 지하철이 없는 도시에 살고 있다. 가끔 오르는 버스에서 지하철과 유사한 만남을 느끼곤 한다. 삶은 교통수단을 가리지 않고 필요에 따라 승차한 그곳에서 여정을 이어간다. 삶은 이야기를 놓치지 않으며 늘 새로운 장을 구성할 채비를 갖추고 있다. 이야기의 끝이 해피엔딩이라고 설레발을 치든, 새드엔딩일 것이라고 지레 겁을 먹든 각자의 선택과 행함의 결과일 터이니, 그것 또한 각자의 몫이며, 현재의 나는 지금 가고 있는 이 길이 틀리지 않았음을 믿고 나아갈 따름이다. 독자는 어떠한가.

그림책 목록

『거리에 핀 꽃』 시드니 스미스 그림, 국민서관, 2015

『기억의 풍선』 제시 올리베로스 글, 다나 울프카테 그림, 나린글, 2019

『괜찮을 거야』 시드니 스미스 글·그림, 김지은 역, 책읽는곰, 2020

『나는 [ ] 배웁니다』 가브리엘레 레바글리아티 글, 와타나베 미치오 그림, 박나리 역, 책속물고기, 2018

『나는 지하철입니다』 김효은 글·그림, 문학동네, 2016

『나를 괴롭히는 아이가 있어요』 아멜리 자보 글, 아니크 마송 그림, 이정주 역, 책읽는곰, 2023

『나의 쓸모』 최아영 글·그림, 책읽는곰, 2024

『나 하나로는 부족해』 피터 H. 레이놀즈 글·그림, 조세현 역, 비룡소, 2007

『난 커서 어른이 되면 말이야』 다비드 칼리 글, 줄리아 파스토리노 그림, 엄혜숙 역, 나무말미, 2022

『남의 말을 듣는 건 어려워』 마수드 가레바기 글·그림, 이정은 역, 풀빛, 2024

『내일』 백혜영 글·그림, 고래뱃속, 2022

『노를 든 신부』 오소리 글·그림, 이야기꽃, 2019

『눈물 바다』 서현 글·그림, 사계절, 2009

『당신을 측정해 드립니다』 권정민 글·그림, 사계절, 2024

『두 갈래 길』 라울 니에토 구리디 글·그림, 지연리 역, 살림출판사, 2019

『똑, 딱』 에스텔 비용-스파놀 글·그림, 최혜진 역, 여유당, 2018
『로베르토 인노첸티의 빨간 모자』 에런 프리시 글, 로베르토 인노첸티 그림, 서애경 역, 사계절, 2013
『마음먹기』 엄지짱꽁냥소 글·그림, 자현 글, 차영경 그림, 달그림, 2020
『머무는 마음, 떠나는 마음』 티아 루 글·그림, 공민희 역, 아름다운사람들, 2023
『미움』 조원희 글·그림, 만만한책방, 2020
『바나나가 더 일찍 오려면』 정진호 글·그림, 사계절, 2024
『불행이 나만 피해갈 리 없지』 정미진 글, 김소라 그림, 엣눈북스(atnoon books), 2019
『블랙 독』 레비 핀폴드 글·그림, 천미나 역, 북스토리아이, 2013
『사랑받는 대통령』 모니카 페트 글, 안토니 보라틴스키 그림, 김경연 역, 풀빛, 2020
『살아있다는 것』 유모토 가즈미 글, 사카이 고마코 그림, 김숙 역, 북뱅크, 2025
『세상』 강경수 글·그림, 창비, 2024
『엄청나게 커다란 소원』 앤서니 브라운 글·그림, 김여진 역, 웅진주니어, 2022
『우리 집 식탁이 사라졌어요!』 피터 H. 레이놀즈 글·그림, 류재향 역, 우리학교, 2022
『월요일기』 조윤주 글·그림, 다그림책, 2025
『이럴 수 있는 거야??!』 페터 쉐소우 글·그림, 한미희 역, 비룡소, 2007
『앵무새 해럴드』 코트니 딕마스 글·그림, 김현좌 역, 봄봄출판사, 2016

『제자리를 찾습니다』 막스 뒤코스 글·그림, 이세진 역, 국민서관, 2023
『중요한 문제』 조원희 글·그림, 이야기꽃, 2017
『쫌 이상한 사람들』 미겔 탕코 글·그림, 정혜경 역, 문학동네, 2017
『착해야 하나요?』 로렌 차일드 글·그림, 장미란 역, 책읽는곰, 2021
『코끼리와 나비』 E. E. 커밍스 글, 린다 볼프스그루버 그림, 김소정 역, 브와포레(BOISFORET), 2022
『프레드릭』 레오 리오니 글·그림, 최순희 역, 시공주니어, 1999
『한밤중 도시에서는』 줄리 다우닝 글·그림, 이계순 역, 씨드북, 2023
『할머니의 뜰에서』 조던 스콧 글, 시드니 스미스 그림, 김지은 역, 책읽는곰, 2023
『햇살 같은 너를 기다리며』 빅터 D. O. 산토스 글, 안나 마르그레테 셰르고르 그림, 윤영 역, 그린북, 2025